ダメッ!って言わない　子どもへgoodアドバイス1

時間のマネジメント

高取しづか＋NPO法人　JAMネットワーク著

合同出版

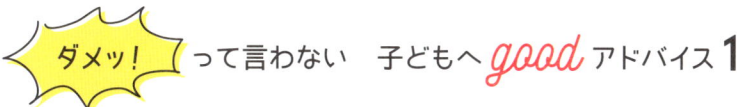

一人前の大人になるために

このシリーズは、「早くしなさい！」と急き立てたり「ダメっ！」と声を荒げずに、じぶんで考えて行動できる子どもを育てたいと思っている方のための本です。

この本を手にとってくれたあなたは、すでに十分がんばっていると思います。

それなのに、子どもときたら！

出かける時間がせまっているのになかなか用意しない。机の上や部屋がぐちゃぐちゃでもへっちゃら。おこづかいはすぐにお菓子やマンガに消えてしまう……なかなか思うようになりません。

そんなとき、ついつい「早くしなさ〜い!!」「片づけなさ〜い」「ダメじゃない！」と声を張りあげ、あげくのはては「なにやってるの！」「もう知らないからっ！」と感情的な捨てゼリフ。そのくせ、あとで自己嫌悪におそわれたり……。

どんなに声を張りあげても、子どもが自ら進んでやるようにはなりません。

以前、ホームステイで日本の高校生を受け入れていたアメリカ人の知人から、

「日本の子どもたちは、甘やかされているんじゃない？　ベッドもコップもお皿もそのままで、じぶんではなにも片づけないの。誰かがやってくれる、と思っているように見えたわ」

と言われました。

カナダで、夏の間アルバイトにくる日本の大学生を受け入れている友人も、

「『これをやってくれる？』と言われないと、なにもやらない」

と言っていました。


誰かに言われてから行動するのではなく、子ども自身が「今、なにをすべきなのかな」と状況を考え、自主的に動けるようにするにはどうしたらいいのでしょう？


1つは、親が「子ども自身のこと」と腹をくくることです。

遅刻をしても忘れ物をしても、それは子ども自身のこと。親が先回りしてやってあげたり世話を焼き過ぎるのは、そのときはいいかもしれませんが、実は子どもが失敗から学ぶチャンスを奪っているのです。子ども自身が「じぶんの問題なんだ」と気づくことができれば、どうすればいいのかと考えるようになります。

もう1つは、やり方をていねいに教えることです。

生まれつき整理整頓ができ、時間やお金を計画的に使える子はいません。はじめは親がお手本を見せ、やり方がわかるまでていねいに教えてあげてください。こういうものだと「型」としてしっかり教えていくことが肝心です。そうでなければ、子どもにはわかりません。型を教えたら、実際に子どもにやらせます。

親がやり方を教えていないのに「もう○年生なのに、できないの？」なんて、言わないであげてください！　子どもを年齢で区切らず、できなければ何度でも戻って教えてあげましょう。

このシリーズでは、大人になるまでに身につけてもらいたい、「時間」「お片づけ」「お金」のルールやマナーを取りあげました。子どもの年齢、家庭での様子に応じて、必要と思われるタイミングで、はじめてみましょう。

第一巻の「時間のマネジメント」では、「時間を意識させる」ことからはじめ、優先順位をつけたり、時間を逆算したり、段取りを考える練習を行ないます。

第二巻の「身の回りのお片づけ」では、「使ったおもちゃは片づける」といった基本的なことから、最終的には身の回りの後始末ができるまでにつなげていきます。

第三巻の「お金のモラル」では、お金に対するモラルや知識を教え、経済の仕組みや仕事について考えさせて、おこづかいで実践的なトレーニングを行なっていきます。

子どもの失敗や困った状況を、手を出さずに見守るというのは、わかっていても実行するのはたいへん！　だけど子どもの自立のため、大人の口出しはできるだけガマン。

自己管理は大人でもできていないことがあります。大人でも難しいことを子どもが乗り越えるには、楽しくできる工夫が必要です。子どもは楽しければ何度でもやるし、どんどん挑戦します。このシリーズには、子どもたちがやりたくなってくる楽しいアイデアがたくさん詰まっています。子どもを励ましながら、家族みんなでトレーニングしていきましょう！

根気が必要ですが、習慣になってしまえばあとが楽。

子どものときから少しずつやり方を教え、実践させていくことで、「子どもの自立」というゴールに向かっていきましょう。

NPO法人 JAMネットワーク代表　高取しづか

もくじ

一人前の大人になるために……3

1 子どもの時間ルール

「早くしなさい！」……12
子どものの時間は子どものもの……16
じぶんの「時間ルール」を身につけた子ども……20

2 親が考えておくこと

なぜ時間マネジメントを教えるのかを理解する……24
子どもの時間感覚を知る……27
時間は誰のものか自覚させる……31

規則正しい生活が、時間マネジメントのベース……36

3 トレーニング開始！

時刻を意識する……42
トレーニング1 今、何時？～時刻の感覚を養うワーク～……45
時間を体感する……46
トレーニング2・1 何分かかった？～時間に気づかせるワーク①～……49
トレーニング2・2 何分かかる？～時間に気づかせるワーク②～……50
生活を見つめる……51
トレーニング3 私の1日～行動に気づかせるワーク～……53
時間に区切りをつける……54
トレーニング4 区切られた時間～時間通りに終わらせるワーク～……59
リストアップで頭の中を整理する……60
トレーニング5 やりたいこと vs. やらなければならないこと～リストアップのワーク～……64
やりたいこと、やらなければならないことに優先順位をつける……65
トレーニング6 ペタッと付箋で能率アップ～リストアップと優先順位のワーク～……68
重要度と緊急度で優先順位をつける……69
コーチング1 優先順位を導く……75

行動に見通しを立てる……76
コーチング 2 ゲームする時間を決める……79
トレーニング7-1 朝のタイムペーパー ～見通しを立てるワーク①～……80
トレーニング7-2 かしこい買い物 ～見通しを立てるワーク②～……80
逆算するクセをつける……81
トレーニング8 お父さんのサプライズ・バースデイパーティー ～逆算のワーク～……85
時間配分する力をつける……86
トレーニング9 ねらえ、３００点 ～時間配分ワーク～……89
段取りする力をつける……90
トレーニング10 お出かけプランニング ～段取りのワーク～……93
集中力を養う……94
トレーニング11 実践！ インターバル勉強法 ～集中力を高めるワーク～……98
のんびりできる時間を作る……99

4 さあ、実行！

親はあれこれ言わずに、根気強く寄り添う……104
コーチング 3 時間通りに行動する……109

アメリカのタイムマネジメント教育……110
計画を立て、実行する……116
コーチング4 計画を立て、実行する……121
中・長期計画を立てる……123
トレーニング12 やることピラミッド ～長期の計画を立てるワーク～……129
おすすめの時間貯金 できたねチケットを作る……130
トレーニング13 時間貯金 ～やる気をのばすワーク～……133
実行しないときの言葉のかけ方……134
うまくいかないときの対処法 軌道修正のしかた……137
コーチング5 なぜかを気づかせる……141
時間マネジメントを子どもにまかせる……143
トレーニング14 お父さんと待ち合わせ ～時間を管理するワーク～……145
夢を持たせる……146
付録 タイプ別 子どもの接し方……150
あとがきにかえて 制作にかかわったメンバーたち……154

＊このシリーズは、子どもが変わる「じぶんルール」の育て方『お片づけのルール』、『時間のルール』、『お金のルール』（2008年刊行）の改訂版です。

1

子どもの時間ルール

「早くしなさい！」

つい口走る、このフレーズ

宿題があるのに、いつまでもダラダラとテレビを見ている子ども。見ていたらイライラしてきて、「いつまでもテレビばっかり見てないで！　ほら、早く宿題やって早く寝なさい！」と、毎晩のように言ってしまう。

一度言葉に出すと、もう止まらない。感情が高ぶってくる。あ〜、またどなっちゃった……と、少し、反省するんだけれど。

ギリギリまで寝ている娘

朝はいつも余裕がない。出かける間際になって、「ノート忘れた！」とか「連絡帳にサイン

忘れた！」ともう大あわて。そんな娘に、つい言ってしまう、いつもの一言。

「だから言っているでしょ！　早くしなさいって！」

くどくど言っても耳に入ってないのはよ〜くわかっている。

　でも、集団登校の集合に間に合わないだろうって、心配するのは親心から。

　そうやって、送り出したあとはいつも気分が悪い。

ゲームに熱中する息子

「もうおしまい!!」と言っても、「あとちょっと」「クリアするまで待って」と、きりがない。1日1時間と決めたのにっ!!

　それでも、はじめは穏やかに「もう1時間たったよ」とさとすのだけれど、やめる気配がないから、「いい加減にしなさい！」とコンセントを抜く強硬

「早くしなさい！」の負の連鎖

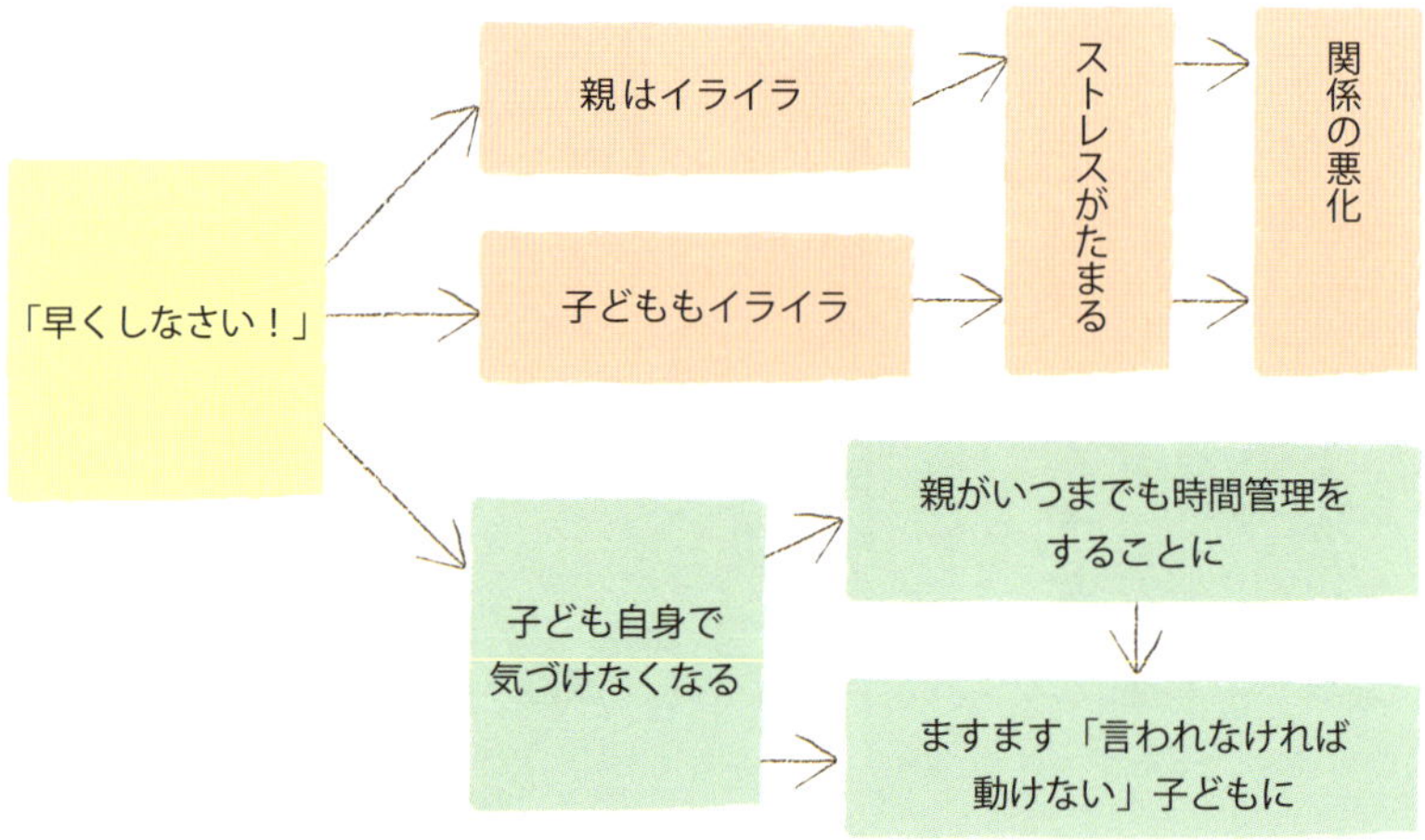

手段に出てしまうのだ。そのあとは、「なにするんだよ！」「アンタが約束守らないからでしょ！」、親子ゲンカへとお決まりのパターン。

今は小学生だから私のほうが強いけれど、この先、体が大きくなってきたらそうはいかなくなるだろう。だいたい、「親の目の高さより上になったら言うことをきかない」というらしいから。

そうなったらどうしようか。

言わなかったら行動しないから

子どもにじぶんで気づかせなければいけない、とわかっているのに言ってしまう。

「早く起きなさい！　早く食べなさい！」

「早くおフロに入りなさい！　早く寝なさい！」

1日たりとも、「早く△□※〜！」と子どもの行動をせかさない日はないワタシ。

そのくせ、子どもの寝顔を見ながら、早く早くとせかせて子育てしているじぶんを反省したりもする。そして、「明日こそは、早くと言わないようにしよう」と決心するけれど、朝になったらまた同じことをくり返している……。

「でも、私が言わなかったらどうなるの？」「学校に遅刻したら困るだろうし、宿題をやらなかったら先生に叱られるかもしれない」。「第一、ダラダラしていて寝る時間が遅くなったら健康にも悪いはず。子どもは言わないと行動しないし！　あ〜」

そう、「言わないと行動しない子ども」。だから、ついつい、口やかましく言ってしまうのですよね。自ら進んで動く子どもだったら、親がせかさなくてもいいはず……。

さて、どうしましょう？

「早くしなさい！」
「さっさとして！」

効果がないなら、もう言うまい。めざせ、「自ら進んで動く子ども」。

子どもの時間は子どものもの

親が管理していませんか？

今の子どもたちの生活は、親たちの子ども時代にくらべて忙しくなっています。月曜日の放課後は英語、火曜日はスイミング……そのうえ、学校の宿題もあるかもしれません。子どもが幼いうちは、親がタイムキーパーになって行動を促していかない限り、時間通りに動くことは難しいでしょう。

でも、いつまでも子どもの時間を親が管理していていいのでしょうか。「じゃあ、手を離すとしたらいつから？」という疑問もわいてきます。

昨日まで子どもで、今日から大人と割り切れるものではありませんし、子どもにしても、ある日突然、「はい、今日から全部一人でね」と言われても混乱するばかりです。

子ども自身がじぶんの時間をじぶんで管理できるようになるためには、言葉遣いやマナーと

同じように、年齢に合わせて、少しずつ時間を管理していく方法（時間マネジメント）を教えていかなければなりません。その第一歩は、親が時間の管理は子ども自身の問題であると自覚することです。

「子どもの時間は子どものもの」。

わかりきったことだけれど、子どもにじぶんで行動できる能力を身につけさせるために、あらためて意識してみてください。

自発的に行動する子どもに

「早く起きなさい！　学校に遅れるよ！」と大声で呼びかけられ、ふとんをはがされてようやく目を覚ます子どもでも、遠足とかサッカーの試合の日には一人で起きてきたりするものです。

かく言う私だって、子どもの頃は親に起こされていたのに、いつの頃からか一人で起き、遅刻することもなくなっています。予定の時間に起きなければどうなるか。それがわかっていれば、起こされなくてもじぶん自身でなんとか起きようとするのです。

子どもに時間をマネジメントさせるとき、親の自覚の次に必要なのは、「時間を守ることは、じぶんのため」だという、子ども自身の自覚です。

アメリカにいたとき、小学校の先生から、「時間をどう使うか教える前提として、『時間のマネジメントはじぶんの問題です』ということをまず教える」と聞きました。先生によると、時間マネジメントを含めた自己管理は、なんと3歳くらいから教えはじめるそうです。いろいろな場面で「それは誰かの責任じゃないよ。キミの責任だよ」とやさしく話して聞かせるのだそうです。朝寝坊してしまったとき、「お母さんが起こしてくれないからだ」と親のせいにしてしまったら、責任は親にあることになり子ども自身はなにも考えないでしょう。

一方、「じぶんで起きなければならない」と「じぶんの問題」としてとらえれば、どうしたら寝坊しないですむかを考えるようになるわけです。

大切なのは、それぞれの自覚

親の自覚

「子どもの時間は
子どものもの」

＋

子どもの自覚

「時間を守るのは
じぶんのため」

＝

子どもがじぶん自身で
時間マネジメントを
するようになる

日々の中でのこうした積み重ねは、じぶんで考え、行動する基本になります。なぜじぶんの問題なのか、穏やかな口調でわかりやすく伝えていきましょう。

幼稚園に通いはじめた3歳のA子ちゃんは、朝のしたくに時間がかかったため、いつも登園時間に間に合いませんでした。でも、いつまでも遅刻を続けていては集団生活を送ることができません。そこで、お母さんは半月後にせまったA子ちゃんのお誕生日に合わせて、登園する時間を早めていくようA子ちゃんと話し合ったのです。「あなたのお誕生会に出られるように、少しずつ朝のしたくが早くできるようにしようね」と励ましながら。

遅刻するとお誕生会にでられなくなる、というのは3歳のA子ちゃんもわかったのでしょう。まもなく遅刻しなくなったそうです。時間を守らなければじぶんが困ると、子ども自身が納得してはじめて、時間を守れるようになったのです。

「学校に遅れるよ！　遅れたらどうなる？」

遅れたあとはどうなるか、「時間厳守はじぶんのため」をわからせよう！

じぶんの「時間ルール」を身につけた子ども

この本のゴール

この本でめざしているのは、「早くしなさい！」と言われる前に、「今は、なにをするときなのかな？」とじぶんで考えて行動できる子どもにすることです。

遅刻しないで学校や幼稚園に出かけ、優先順位を考えて宿題やおけいこごとの練習をすませ、次の日の用意や寝る前のしたくをし、時間になったら「おやすみなさい」と言って眠る。

たまにはゆっくり時間を楽しんだり、やらなければならないこと、やりたいことは集中してやれる。こんな風に、じぶんの時間を効率的に使えるようになることがゴールです。

「そんなの、できすぎ！　うちの子にはムリ！」ですって？

いいえ、だいじょうぶです。大人と一緒に、子どもの頃から段階を踏んで、じぶんで考えて時間を使えるようにしていきましょう。でも、けっして軍隊式に問答無用で厳しくしつけたり、せかしたり、親が管理するのではありません。子どもが持つ時間の感覚を大切にし、子どもの成長に合わせて親が協力しながら、段階をおって時間感覚を身につけさせていくのです。

社会人になると、約束の時間や期日を守って信用を築く、段取りよく計画を立て、あわてずに行動することが求められます。現在多くの人が、大人になってから、必要にせまられて、学んでいますが、それを小さいときからはじめるのです。

最初は親も子も少しだけ窮屈だったり、努力しなければならないかもしれません。でもそれが、あとになって、効率的に時間を使えるようになるといった、社会人としての時間マネジメントの基礎になり、子どもにとって大きな財産になるのです。

親も「じぶん表現力」を身につけて

私たちが見てきたアメリカの小学校、中学校では、長期間に渡る宿題が出され、親と学校が連携しながら、子どもたちに計画的に課題に取り組む訓練、いわゆる「タイムマネジメント」の指導が行なわれていました。この本では、この「タイムマネジメント」の指導を土台に、日本の生活でも活用できるようアレンジし、子ども自身が時間を管理し、有効に使えるようになるトレーニング方法を紹介しています。

子どもの心に届く親の言葉かけや対応のしかたは、ＪＡＭネットワークがこれまで推奨してきた「じぶん表現力」の方法で行ないます。「じぶん表現力」とは、相手の気持ちを考えながら、じぶんの気持ちや考えを的確に表現できるコミュニケーション力のこと。子どもを導いていくためには、親自身が、意識して言葉を発していくことが必要なのです。

さらに、ビジネスの分野で知られるコーチングの手法も取り入れています。コーチングとは、スポーツのコーチが使っていた指導術をベースに、カウンセリング学、行動学、リーダーシップ論などを取り入れ、アメリカで体系化されたコミュニケーションの方法です。相手の話を十分に聞き、相手が自ら気づくような質問をして自発的な行動を促す——子育てにも、とても有効な方法です。

この本で子ども自身の「時間ルール」を身につけさせて、最終的には、時間をコントロールできる大人、自立した人間に育てていきましょう！

気づいて、考え、さあ実行。くり返し、試行錯誤して身につける。

2

親が考えておくこと

なぜ時間マネジメントを教えるのかを理解する

社会的信用を築くため

社会人としての最低限のルールは、約束の時間を守ること。また、決められた時間内に決められた成果をあげること、効率的に仕事をすることなどが求められます。

それを達成することは、責任ある人として仲間や社会の信頼を得ることにつながり、社会で評価される大きな要素になります。

今はまだ、わが子が社会人になったときのことなど遠すぎてピンとこないと思いますが、大人になったときに必要なことを年齢に合わせて徐々に教えていかなければならないのは、勉強と同じくらい大切なこと。小さいと思っている子どもも、いずれは大きくなるわけですから。

「子どもだからしかたない」「うちの子はまだ小さいから」と言っているうちに、子どもは確実に成長していくのです。

時間マネジメントの指導は、子どもに「早く！早く！」とせかすことではありません。子どもにわかるように説明し、子どもの中にじぶんのルールを確立させていくことです。親や大人は子どもに伴走しながら、社会で必要なルールを身につけさせていきます。

じぶんの時間を充実させるため

本当のところ、子どもたちは、じぶんの時間をどう使うかなんて考えているのでしょうか？

いや、子どもばかりではなく大人も、普段から「じぶんの時間」を意識しているでしょうか。毎日の日課に追われるうちに日々がどんどん過ぎていって、考えるなんてことはしないのではないでしょうか。

じぶんの時間を有意義に使うために、ぜひ、じぶんのやりたいことについて考えてみて欲しいのです。
「やりたいこと」「好きなこと」に気づく（見つける）ことは、積極的に生きていく第一歩です。今は好きなことがなくても、こうした質問を子どもに投げかけておくことで、心の中に「じぶんは、いったいなにをしたいんだろう？」という疑問が残り、あとから答えが出てくることだってあるのです。

大人ですら、時間は無限にあると錯覚しながら生きています。でも、過ぎてしまった時間を取り戻すことはできません。誰かにもらうことも、借りることもできないのが時間です。

時間マネジメントが必要なのは、単に社会の約束を守ることができるようにするためではありません。じぶんの生活を豊かにでき、より充実した人生を生きていけるようにするためでもあるのです。

「今、なにをしたらいいのかな？」

まだ小さいと思っている間に子どもは育つ。「今、なにをしたらいいのかな？」と考えさせて、子どもに与える、自主性と豊かな時間。

子どもの時間感覚を知る

なぜ子ども時代の時間は長いのか？

年齢が進むとともに時間の流れを早く感じる――子ども時代と大人になってからでは、どうも時間の感覚が変わっているように感じます。

みなさんは、いかがですか？

山口大学時間学研究所の井上愼一教授によると、「年齢とともに時間の流れを早く感じるのは、性別や国籍を問わず、ほとんどの人間に共通する自然な感覚」だとされています。10歳の1年は今まで生きてきた中での10分の1、50歳の1年は50分の1に値する、つまり1年の重みが子どもと大人とでは違うというのです。さらに、時間の感覚には脳の一部、「海馬《かいば》」が関係しているそうです。

井上先生の著書『ポケット解説　やわらかな生命の時間――生命から読み解く時間のサイエ

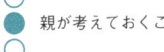

ンス』（秀和システム刊）に次のように書かれています。

「両耳の奥にある海馬は記憶を司る器官で、ここを損傷すると、時間の感覚や記憶を失う。この海馬が『記憶する』と判断した回数が多いほど、人は過去を振り返って時間を長かったと感じる。子どもの頃は未体験の事柄に直面する機会が多く、より頻繁に海馬が働くため1年を長く感じる」

つまり、子どもの頃は未体験の出来事が多いため、時間を長く感じるということです。

同じ1週間を過ごしていても、ふだんの生活と旅行に出かけたときとでは、旅行での時間のほうがくらべものにならないくらい長く感じたという経験はありませんか？　それは、はじめての体験、新しい刺激に満ちているからです。

日々がみずみずしい感動に満ちている、だからこそ時間を長く感じる、これが子ども時代の時間感覚なのです。

「今」がすべて

日が昇ると「ああ、朝だ～」と思いながら目を覚まし、夕陽が沈んであたりが暗くなると夜がきたと感じる。じぶんの幼い頃をふり返ると、そんな大まかな時間感覚しかなかったように思います。

まだ時刻という細かな決めごとを知らない幼いときは、「今」を通り過ぎた時間は、さっきも、昨日も、おとといも、「前」や「ずっと前」という言葉で一緒くたにくくられています。

そして未来のことともなると、明日やあさってはともかく、1カ月、1年先のことなど考えないのがふつうです。実感があるのは、「今」だけと言っても過言ではないでしょう。

幼いときは「今」の感覚しかないからこそ、とりとめのないことを考えてぼーっとしたり、大人から見ると時間のムダにも思えることを飽きもせず楽しめるのかもしれません。

これをやったら後々役に立つとか、あとは疲れるからやめておこう……などと発想をしないのが子どもです。そこがいいところでもあります。

子どもの時期、大人には無意味に思えることも、成長過程においてはとても必要なことだったりするのです。

子ども時代は毎日が練習

子どもを育ててきて、またじぶん自身をふり返ってつくづく思うのは、子ども時代は、大人になるための練習期間だということです。

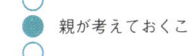

うまくいったりいかなかったりを重ねるうちに、だんだんと慣れていくわけです。

練習もさせずに、親がうまくいくようにおぜん立てしたり、肩代わりしてやって、ある時期がきたら「もう、○年生なんだから、できるでしょ」とか、「なんで、できないの!?」などと、いきなり子どもに自立を求めるのは酷なことです。

子どもには体験が必要なのです。実際にやってみたら失敗することもあるでしょう。親や誰かのやっていることを見てまねして、だんだんとできるようになるのです。子どもは、失敗を重ね試行錯誤しながら学んでいくものなのです。

時間をじぶんで管理することも、子どもの成長に合わせて、方法を教えながらどんどんやらせてみましょう。日々の生活そのものが練習です。無理なく、少しずつ、大人になるための準備をさせていきましょう。

子ども時代はメルヘンチック!「のんびり」「ぼんやり」も、十分オッケー。心を育む、そんな時間も大切に。

時間は誰のものか自覚させる

じぶんが困る！ を体験させる

子どもがじぶんでルールを決めて時間を管理をするときに、時間を守ることがなぜ大切か、子ども自身が考え、理解することが1つのカギです。

アメリカに住んでいたときのA子さんの日課は、毎朝子どもたちを車で小学校に送っていくことでした。でも、8時に家を出なければならないのに子どもたちはあせる様子もなく、テレビを観たり、間際になって持ち物を揃えたりの悪いくせが直りません。「早く！」「遅れちゃう！」とせかさない日はありませんでした。そんな毎日に嫌気がさしたあるとき、A子さんは子どもたちを前に、静かな声でこう宣言しました。

「お母さんは、もう『早く』と言いません。そのかわり、朝8時になったら車を出します。わかったわね」

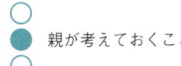

親が考えておくこと

「わかった」と、子どもたち。けれど翌日になると、子どもたちは昨日の約束などすっかり忘れ、いつものようにマイペースでした。

A子さんはお構いなく、宣言通りの朝8時ぴったり、ガレージから車を発車させました。

びっくりしたようにぽかーんと口を開けて、出ていく車を見送る子どもたちを尻目に、いつものように学校へ行き、いつものように子どもを降ろすところに車を止めて、いつものように家に戻りました。

「あら？　お母さんは、もう学校に行ってきたわよ」

こう言われてやっと、ことの次第を理解した子どもたちは、次の日から、A子さんがなにも言わなくてもすごい勢いでしたくをして、8時前になると、すべてを用意して待っているようになったといいます。

子ども自身が時間を守ることを「じぶんの問題」として納得すれば、おのずと行動を起こすようになるのです。

子どもがじぶんでルールを確立する

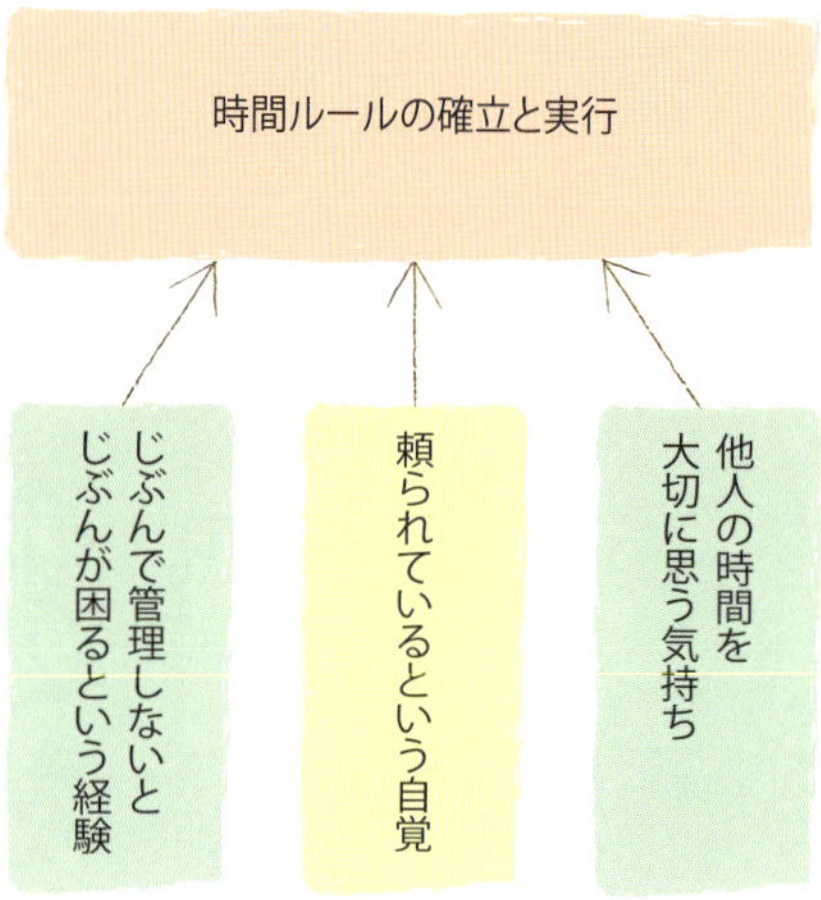
時間ルールの確立と実行
他人の時間を大切に思う気持ち
頼られているという自覚
じぶんで管理しないとじぶんが困るという経験

頼られることで成長する

私の友人はご主人を亡くしたとき、小学生だった子どもたちを座らせて、こう言いました。
「お母さんは、これから一生懸命キミたちを育てていくけど、きっと頼りないと思う。だからキミたち二人には、しっかりして欲しい。じぶんのことはじぶんでできるようにしてちょうだい」

働いていかなければならないことも含めて、子どもたちに話しました。

その言葉を境に、子どもたちは言われなくても、じぶんで起きるようになったそうです。彼女が寝坊していると、「お母さん朝だよ」と起こしてくれたこともあったそうです。

きっかけは悲しい出来事でしたが、それによって子どもたちの自立が促されました。「お母さんは頼りない。しっかりして欲しい」と頼られることで自覚が生まれ、今、なにをするときなのかじぶんで考えて行動ができるようになったのです。

それぞれの人にとって大切な時間

時間はじぶんのものであると同時に、ほかの人のものでもあります。

アメリカ人の知人Ｉさんから、興味深いお話を聞いたことがあります。

彼女は、子育て中、「〝ママのいす〟に座っているときは、本を読んだり編みものをしたりするママの時間よ」と、三人のお子さんに話して聞かせていたそうです。

子どもたちは、Iさんがそのいすに座っているときには、じゃまをせず静かに過ごしていました。ママにもじぶんの時間があることを理解したからでしょう。もちろん、それ以外のときのIさんは、子どもの話をよく聞いて、家族との楽しい時間を大切にする人でした。

時間はじぶんのものだと思うだけでなく、同じように親の時間も大切にしなければいけないことを根気よく教えることは大切なことです。他人の時間を大切にすることがわかれば、人との約束の時間に遅れない、ということも納得できます。

時間はそれぞれの人にとって大切なものです。じぶんの時間と同じように他人の時間も尊重することを教えましょう。

動かないのは甘えているだけ。ホントに困れば、子どもは踏んばる。自覚に結びつく体験、どんどんさせるべし！

じぶんがどんな親かを知る

あなたは、どんなタイプの親なのか、チャートで調べてみましょう。

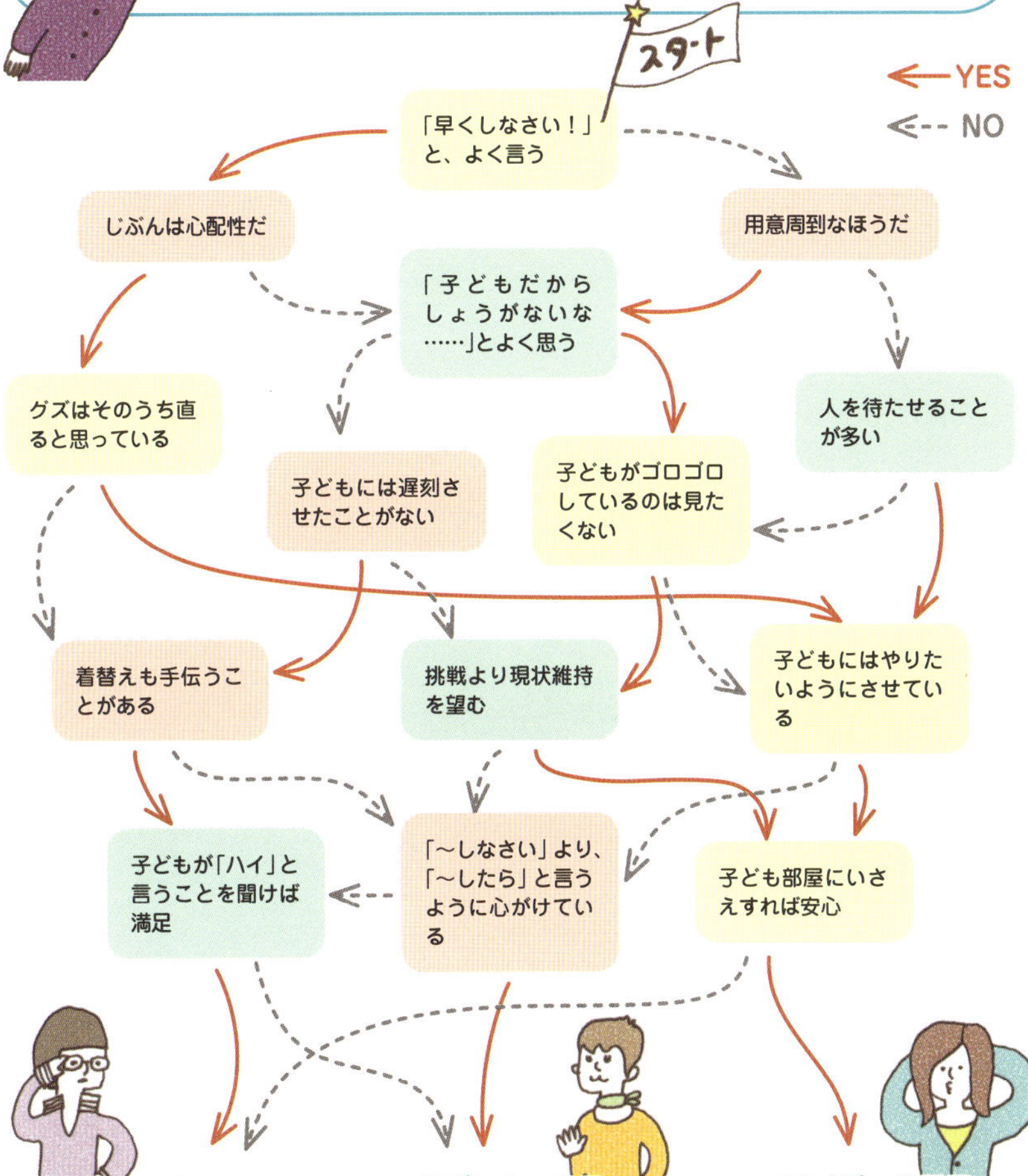

スタート
YES
NO
「早くしなさい！」と、よく言う
じぶんは心配性だ
用意周到なほうだ
「子どもだからしょうがないな……」とよく思う
グズはそのうち直ると思っている
人を待たせることが多い
子どもには遅刻させたことがない
子どもがゴロゴロしているのは見たくない
着替えも手伝うことがある
挑戦より現状維持を望む
子どもにはやりたいようにさせている
子どもが「ハイ」と言うことを聞けば満足
「～しなさい」より、「～したら」と言うように心がけている
子ども部屋にいさえすれば安心

コントロールママ

「私がいなきゃなにもできない！」って思っていませんか？　確かにさっさとやってあげちゃったほうがラク。でも子どもが自立するために、少しずつ子どもにまかせてみましょう！

サポーターママ

子どもが「じぶんでやる！」と言ったら、少し難しそうなことでもやらせてみようと思うタイプ。温かく見守りながら、子どもを励まし応援していきましょう。

マイペースママ

「好きにやっていいよ！　寝坊も忘れ物も自己責任」と、なにも言わないで放っておくタイプ。ただ、親の都合でごはんの時間や寝る時間を変えないで、小さいうちは生活のペースを作りましょう。

規則正しい生活が、時間マネジメントのベース

小学生なら睡眠時間は9時間

社会人に求められるような長期的な時間マネジメントの基礎は、毎日の生活です。限られた24時間の中で、毎日やるべきこと（日課）をやるための時間配分ができてこそ、長期的な時間マネジメントが可能になります。

子どもにとっても、まっ先に取り組むべき課題は、毎日の早寝早起きです。健康にいいのは言うまでもありませんが、規則正しく暮らすことによって時間の長さを体感し、時間の感覚が育っていくからです。

海外旅行などでかかる「時差ボケ」の特効薬は、太陽の光だといわれています。人の体は太陽の光を浴びることによって時間を認識し、調整しているからだそうです。早寝早起きという当たり前のことが、積み重なって子どもの時間の感覚を育てます。

睡眠時間は、小学生では9時間必要です。小児神経科医の神山潤著『「夜ふかし」の脳科学』（中央公論新社刊）には、睡眠時間と同様、就寝時間と起床時間の大切さについても強調されています。

早寝早起きが大切で、睡眠時間が十分でも、朝寝坊だと意味がないというのです。

アメリカの友人も、「成長期の子どもにとって、睡眠時間の確保は最も大切だと思うから、必ず約束の時間になったらベッドに行くように決めているの。朝、起きなければならない時間から必要な睡眠時間9時間を逆算して、寝る時間を決めています」と、言っていました。

睡眠時間が短く、夜の就寝時間が遅いほど学業成績が悪いという報告は、アメリカでも日本でも同じです。

小さいときは早寝早起きだったのに、塾に行きはじめて生活のペースが夜型になってしまった子どもにも、「このテレビを観ないと、明日、みんなの話についていけなくなる」などと夜ふかしをしがちな子どもにも、また、仕事を持っているため親中心のペースになりがちな家庭の子どもにも、できる範囲で規則正しい生活を送れるように、親が生活を見直し、リードしてあげましょう。

子どもの生活を健全で規則正しいものにするには、大人の努力が必要なのです。

子どもには「子ども時間」が大切

私の就寝時間は、小学校6年生まで夜8時でした。すっかり夜型になった今では信じられない話ですが、「夜は大人の時間。子どもは早く寝る」というのが両親の教育方針だったのです。でも、土曜日や特別な日だけは別。9時まで起きていてよかったので、家族でサスペンスドラマを観て楽しみました。その頃、土曜日は楽しみでした。

親せきの家に行ったときも、いとこたちといつもより遅くまで起きていていいことになっていたので、大変ワクワクしたことを記憶しています。最大に夜ふかしができるのは大晦日。12時を過ぎる頃にはもうまぶたがくっついてしまうほどなのですが、「夜中に起きている」というといつもと違った感覚に感激したものです。まったく夢の中のような時間でした。

規制があるからこそ、少しの自由がうれしい。不自由というか、足かせがあったほうが、自

時間マネジメントトレーニングのベース

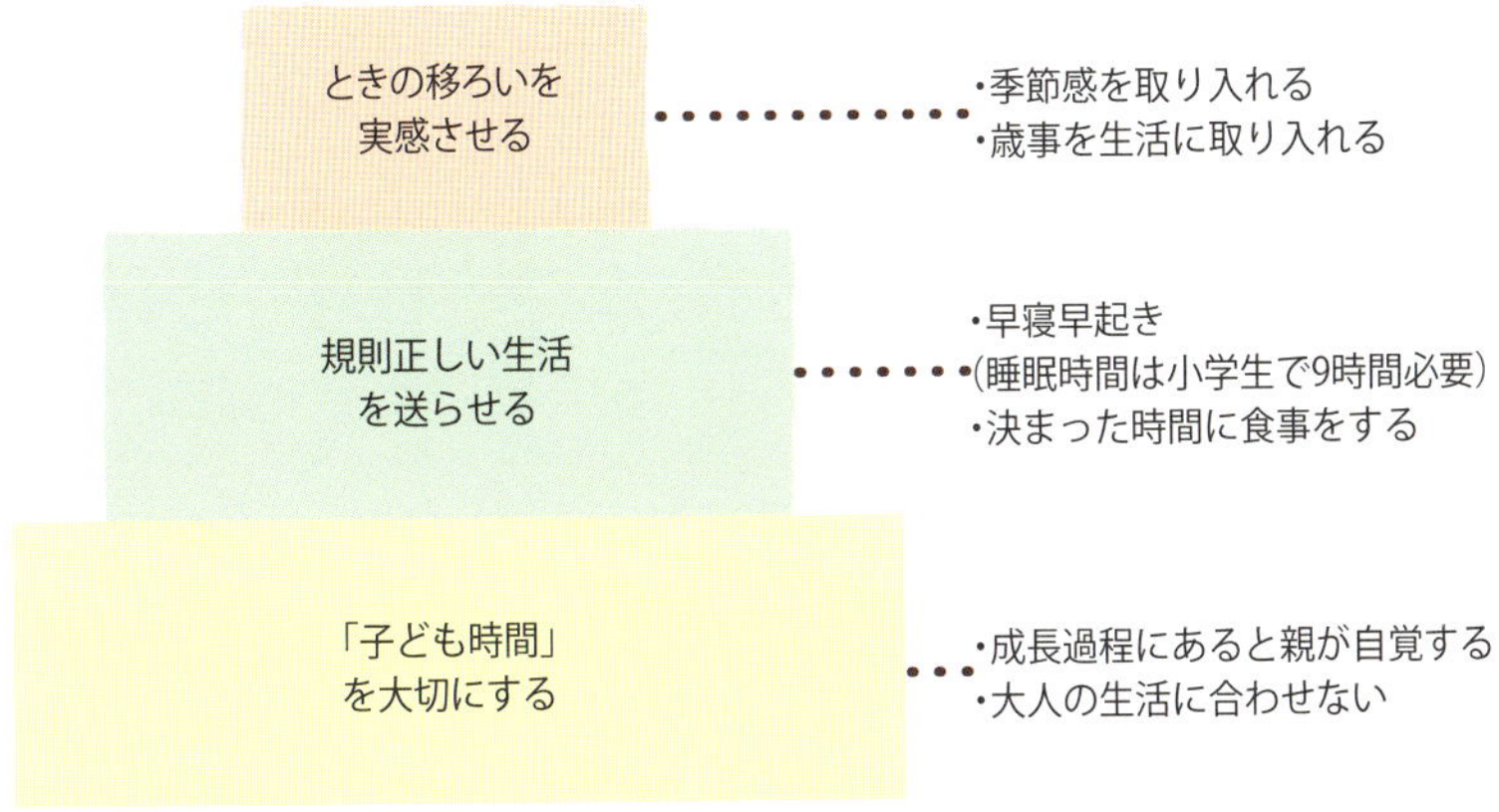

ときの移ろいを実感させる
・季節感を取り入れる
・歳事を生活に取り入れる
規則正しい生活を送らせる
・早寝早起き
(睡眠時間は小学生で9時間必要)
・決まった時間に食事をする
「子ども時間」を大切にする
・成長過程にあると親が自覚する
・大人の生活に合わせない

由を実現できたときの喜びが大きいのです。

子どもの頃「早く大人になりた〜い」「大人っていいな」と憧れるのは、「大人になったら自由に○○ができる」と思うから。大人が、子どもが持っていない自由を持っているからです。

子どもの頃何でも手に入れることができたら、大人になってからの喜びが少ないと思うのです。

子どもの生活を大人に合わせないこと。子どもの成長に合わせた早寝早起きの生活をさせる。そんな子ども時代を送らせてあげてください。

「とき」の移ろいを楽しむ

桜が咲いたら春がきたと感じ、街路樹のイチョウの葉が黄色く色づくのを見て秋を感じる。季節を感じることは、時間の移ろいを感じることでもあります。

お正月、ひな祭り、鯉のぼり、花火大会、お月見、クリスマス会。そして、家族のお誕生日。日本に数ある行事は、昔から、私たちに時を意識させ、ときの移ろいを楽しみながら生活を彩るものでした。毎年訪れる季節や行事のたびに、去年はこうだった……などと過去に思いをはせたりしてときがたったことを実感するのです。行事はときの節目です。

華々しいイベントはしなくても、花瓶に一輪の花をさしたり、ちょっとした飾りに季節を取り入れたり、食事に旬の野菜を使うなど、季節感の演出を工夫することで、いつもと同じ毎日に変化をつけることができます。

こうした小さな発見や感動が心の栄養にもなっているのだと思います。

1年を季節の行事で彩り、子ども時代を濃い充実した時間にしてあげましょう。ときへの感性も育まれます。

早寝早起き、たっぷり睡眠。おいしいごはんで頭もすっきり。環境作りは親の責任。

3

トレーニング開始！

時刻を意識する

行動と時刻を結びつける

これまでの考え方をベースに、子どもに時間マネジメントを練習させてみましょう。

まずは、時刻と時間を意識させることからスタートします。

時計を見て何時なのかがわかる「時刻」の感覚は、子どもにもよるでしょうが、基本的には小学校にあがってから身につきます。今は、小学校2年生で「時刻と時間」について学びます。時間よりも「時刻」についての認識が先です。

時計が読めない小さな頃には、親が、「もうすぐ○○の時間だよ」と教えてあげていたことでしょう。あるいは、「この短い針が3のところにきたら、おやつの時間ね」などと子どもたちに教えていた家庭も多いと思います。

このような会話をもう一歩進め、会話の中に意識的に時刻を入れて、時刻と子どもの生活を結びつけましょう。

「7時よ。起きなさい」

「出かけるのは10時だから、それまでに用意をしようね」

「5時だから、そろそろお片づけしようか」

「もうすぐ8時。寝る時間だよ」

時刻と行動をセットにして、意識して声をかけることで、時刻を自然に生活の中でとらえることができるようになります。ただの数字だった時刻が、じぶんの生活と結びついたものになるはずです。

各部屋に時計を置く

テレビ画面や、携帯電話があれば、時計がなくても不自由しません。でも時間をじぶんで管理できるように、各部屋に時計を置いておきましょう。時刻を自然に意識させるためです。

アナログ式時計のほうが、短針・長針の位置で時間の経過を理解しやすく、時間の感覚をつかみやすいでしょう。

昔はどこの家にもたいてい柱時計がありました。音を数えて「おやつの時間だ」と喜んだり、「もっと寝ていたいけど、起きなくちゃ」と寝床の中で決心したり、音を数えたらもう真夜中なのを知って、ますます眠れなくなったり……と、数々の思い出があります。音の出る時計は、耳からも時刻を知ることができるのでおすすめです。

Kさんの住んでいる地域では、夕方5時、お寺から鐘の音が鳴り渡ります。「お寺の鐘が鳴ったら帰りなさい」と、誰が言いはじめたのか知りませんが、みんな一斉に帰る合図になっているそうです。「カ〜ラ〜ス〜、なぜ鳴くの〜♪」という音楽が流される地域もあります。

音によって時間を知る効果を、見直してみるのもいいでしょう。

親の
GOOD
対応
「今、何時だと思う?」
時刻の意識はクイズから。五感で時間を感じる一手!

トレーニング

1

今、何時？

時刻の感覚を養うワーク

子どもに、「今、何時？」と聞かれたとき。ちょっと余裕があるとき。時間を当てるクイズを出します。

やり方

①「今、何時？」「今、何時だと思う？」と、時刻をたずねる言葉を意識して会話の中に入れていき、子どもに時計を見ないで答えさせます。

②「おしい！　4時15分でした」あるいは「ピンポーン！　正解です！」などと楽しい雰囲気で受け答えします。

ポイント

＊外出したとき、「今は何時でしょう？」「お日さまが上のほうにあるから、もうそろそろ12時かなあ～？　どう思う？」というように、親子で時刻当て競争をするのもgood。

＊野外なら、ヒントはいろいろ。太陽、影、月、星、そして人の流れなどでも時刻がわかることでしょう。時刻によって自然が変わり、人が動くということにも気がつくようになります。

＊時刻を予測することをくり返すうちに、時刻を意識し、時間が経過する感覚も養われていきます。

時間を体感する

進まぬ時間と飛んで過ぎる時間

時刻と時刻の間が、時間。

時刻がはっきりと決まった基準なのに、時間は決まっていないから、同じ時間でも、人によって場合によって感じる長さは違います。

たとえば、好きなマンガやおもしろい映画を観ているとき、楽しくおしゃべりしているときなど、なにかに夢中になっているときは短く感じますし、退屈なときや待っている時間はとても長く感じます。信号が赤のときの待ち時間はほんのわずかなのに、とても長く感じます。

また、はじめての場所へ約束の時間までに行くとき、行きと帰りではかかった時間が違うような気がすることはありませんか？

同じ時間なのに「遅れてはいけない」とあせりが時間を長く感じさせ、帰りは時間を短く感じる——心理的な理由です。同じ長さの時間でも、短くも長くも感じられるのです。
その時間にどんなことがあったか、わずか1時間でも永遠の長さに感じられることもあれば、ほんの一瞬と思えることもあるのです。時計で表される時間より内容のほうに意味がある、これが時間の特徴なのです。

子どもと一緒に、「長いと感じる1分間」と「早く過ぎてしまう1分間」について考えてみましょう。そして、どうしてそう感じたか、話してみましょう。

例：長いと感じる1分

- 信号機が赤から青に変わるのを待っているとき、渋滞しているとき
- トイレに行きたいのに、人が入っていてなかなか使えないとき
- 退屈な話を聞いているとき、怒られているとき

例：早く過ぎてしまう1分

- 締め切りに追われて、あせっているとき
- 楽しい映画やテレビを観ているとき、旅行に行っているとき
- 家族や友人と楽しくおしゃべりしているとき

時間を計ってみよう

小学生のMちゃんに、「犬のお散歩をお願い。学校の周りを一周してくるだけでいいから」と、お母さんが頼んだときのことです。「いやだ、そんな時間ないよ」とMちゃん。「そう？あなたなら10分で帰ってこられるはずだけど」。

そう言われ、「10分なら」としぶしぶ散歩に出かけたそうです。Mちゃんには、距離と時間が一致していないのです。

一般的には1km は歩いて15分（時速4km）といわれていますが、移動距離とかかる時間の関係を知る訓練をすると、行動するのに必要な時間の感覚が身につきます。

「いつまでかかってるの!?」

時間感覚が身につけば、「いつまでかかってるの!?」と言われる前に、子どもが動く。

＜対象＞
幼稚園児以上、
数字が書けるよう
になったら

トレーニング

2-1

何分かかった？

時間に気づかせるワーク①

じぶんの行動にどれだけ時間がかかっているのか、実際に計って時間を意識させましょう。

用意するもの

- デジタルの時計（冷蔵庫や電気機器のデジタル表示でもよい）
- 紙（あらかじめ朝の行動の順番を書いた表を作っておく）
- 筆記用具

やり方

① 朝のやることの順番を決め、表に書き込みます。
② 朝起きた時刻を、子ども自身に書き込ませます。
③ 項目が終わった時刻を、順次書き込ませていきます。
④ かかった時間の長さを、親が計算して出します。
⑤ 表を見ながら、子どもに感想を聞いたり、親子で話し合いましょう。
「一番時間がかかったのはどれかな？」
「お着替えにどうしてこんなに時間かかるんだろうね？」

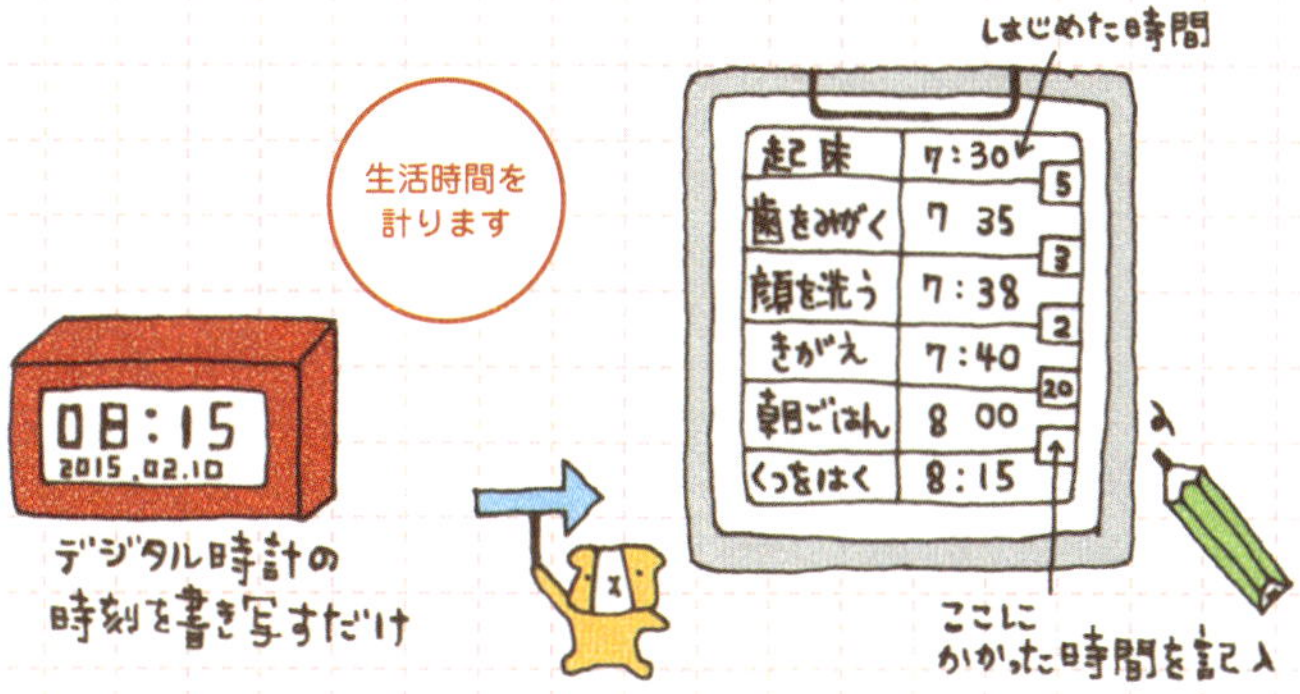
生活時間を計ります
08:15
2015.02.10
デジタル時計の時刻を書き写すだけ
はじめた時間
起床 7:30
歯をみがく 7 35
顔を洗う 7:38
きがえ 7:40
朝ごはん 8 00
くつをはく 8:15
5
3
2
20
ここにかかった時間を記入

＜対象＞
小学生中学年以上

トレーニング

2-2

何分かかる？

時間に気づかせるワーク②

いつも行くところ（学校、公園、友だちの家、塾、習い事の教室）へは、どのくらいの時間がかかるのか予想してみましょう。そして、実際に計った時間とくらべてみましょう。

ポイント

＊感想の欄には、顔マークを書き込むのもおすすめ。ニコニコ（顔マーク）は予想通り、あれ～？（顔マーク）マークは大はずれなど楽しく！

	予　想	実　際	感　想
学校	分		分
公園	分		分
○○ちゃんの家	分		分
塾	分		分
習い事の教室	分		分

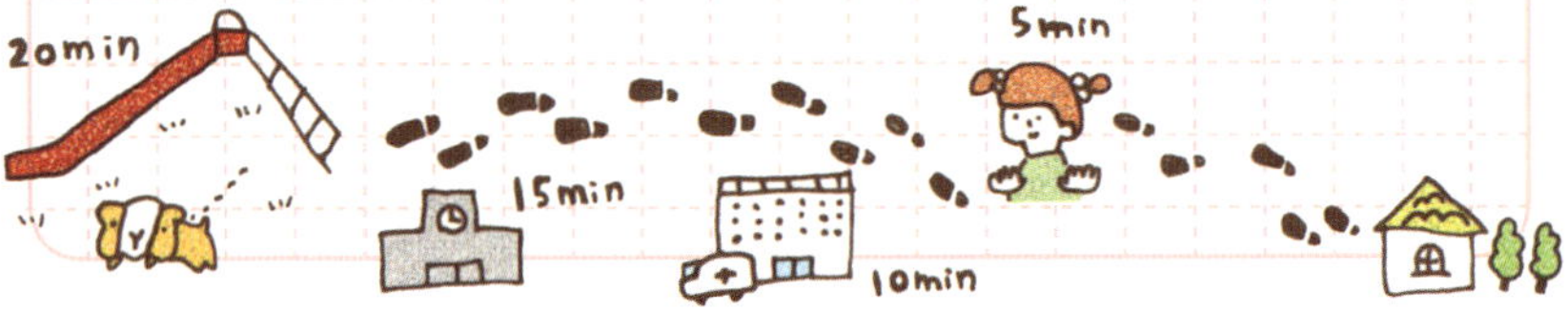

生活を見つめる

じぶんの生活パターンをつかませる

時間を管理するために、１日のだいたいの様子（じぶんの生活パターン）を知ることは大きな意味があります。

子どもと一緒に、起きてから寝るまでの時間を考えてみましょう。

何時に起きて、何時に寝ましたか？

昼間の時間、なにをしていましたか？

何時間、寝る時間をとりましたか？

１日をどう過ごしていたのか、確認してみましょう。

平日Kちゃんの1日

何時に起きる？……バスケの朝練がある日は6時半
朝ごはんは？……バスケあり：6時50分
家を出る時間……バスケあり：7時15分
学校から帰ってくる時間……日によって違うけど、だいたい4時
寝る時間は？……9時半
（9時間寝るので、朝起きる時間で寝る時刻を変えている）
遊んでいる時間は？……1時間半くらい

生活パターンをつかむために、家族みんなでじぶんの行動を確認してみてください。

親のGOOD対応

「楽しい時間、増やそうね」

1日まるごと見直せば、グズグズ時間が見えてきます。「楽しい時間、増やそうね」を合い言葉に親子で生み出す、ゆとりの時間。

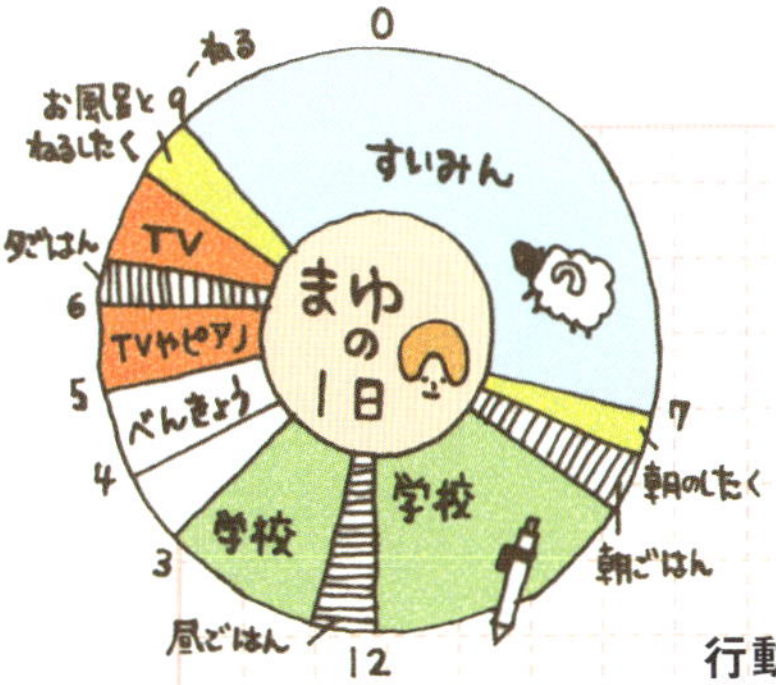

トレーニング

3

私の１日

行動に気づかせるワーク

毎日、どんなことにどのくらい時間を使っているのだろう？　1日の行動がひと目でわかるように円グラフにして、子どもと振り返ってみましょう。

用意するもの

●紙　●コンパス　●分度器　●色エンピツ
●あらかじめ親が作っておいた、1日24時間に分けた円グラフ

やり方

1日の行動を分類し、グラフに書き込みます。行動は色で分け、同じ行動は色を同じにします。

気をつけること

・20分単位で区切るのが適当です。
・行動はあまり細かく考えず、朝の洗顔、歯みがき、着替えなどは、「朝のしたく」などと大きくくくります。「おやつ」「マンガを読む」なども、「息抜き」「遊び」とみなします。
・テレビがついている時間は、「テレビを観ている」とみなすことにします。

チェックすること

・寝る時間は、十分睡眠がとれている？
・朝起きてから、学校に行くまでの時間はちょうどいい？

ポイント

＊お父さん、お母さんも円グラフを作ってみてくらべると、お父さんの仕事の時間が長いこと、お母さんの家事も時間を使っていることを子どもに教えられるのでおすすめ。

時間に区切りをつける

限りある時間を大切に使う

まだまだ時間はたっぷりあると思うと、必要以上にのんびりしてしまうものです。そんなときに限って、肝心なことをうっかり忘れていたり、後からあわてたりするのです。

逆に、やらなければならないことがたくさんあるときには、集中してとりかかるからか、思ったよりはかどったりします。

たとえば、家事。急な来客があるときのほうが早く、きれいにできるから不思議です。どうやってスピーディーに事を運ぼうかと、段取りを考えて頭はフル回転。さっきまで「ちょっとしんどい」なんて思っていた体は予想外にシャキシャキと動き、「やればできるじゃない！」と、我ながらビックリしたりするのです。

Nちゃんは中学校3年生。女子バレー部の選手で、地区予選に出るために毎日猛練習をしな

時間の使い方は人によって違う

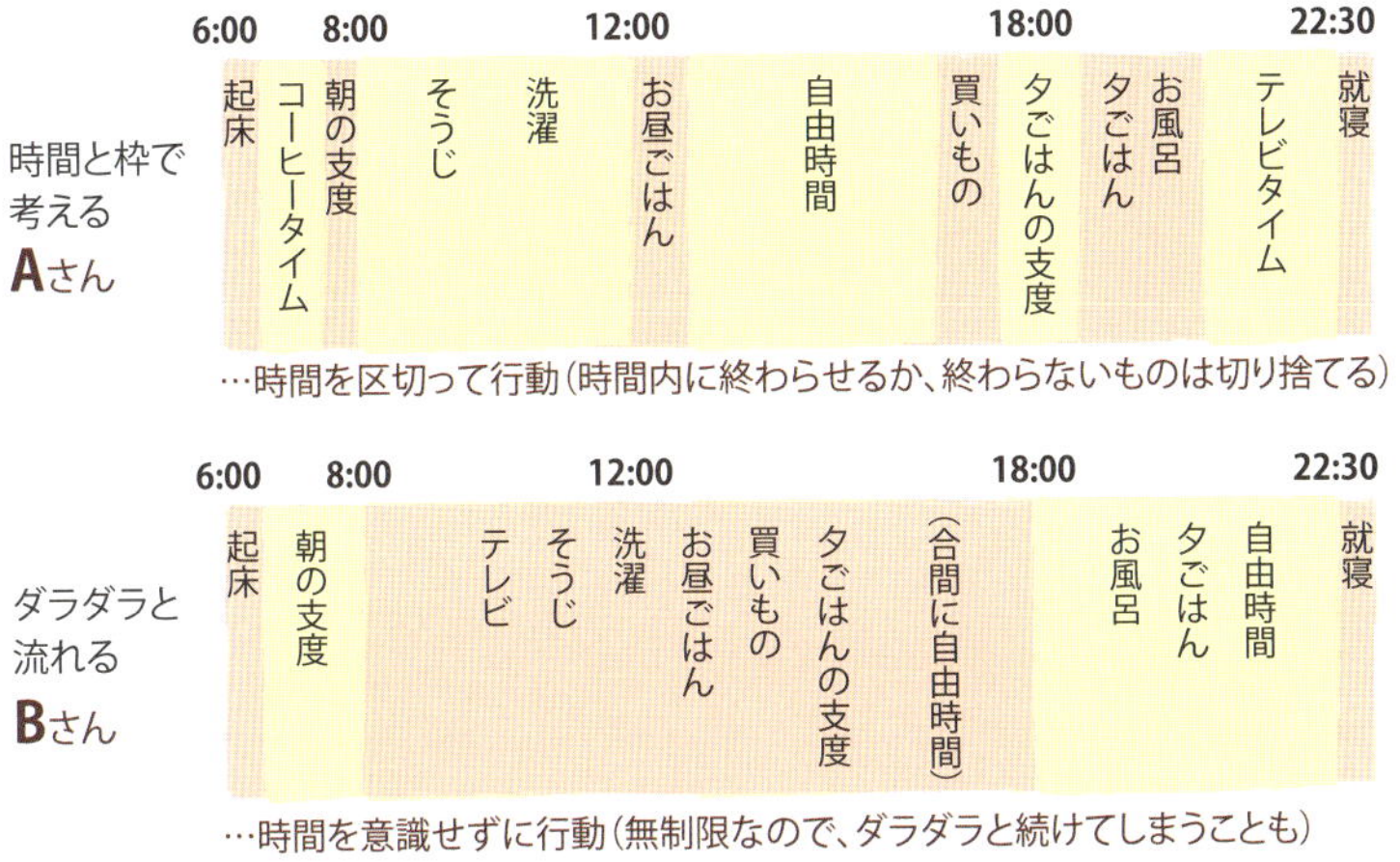
6:00
8:00
12:00
18:00
22:30
時間と枠で考える
Aさん
起床
コーヒータイム
朝の支度
そうじ
洗濯
お昼ごはん
自由時間
買いもの
夕ごはんの支度
夕ごはん
お風呂
テレビタイム
就寝
…時間を区切って行動（時間内に終わらせるか、終わらないものは切り捨てる）
6:00
8:00
12:00
18:00
22:30
ダラダラと流れる
Bさん
起床
朝の支度
テレビ
そうじ
洗濯
お昼ごはん
買いもの
夕ごはんの支度
（合間に自由時間）
お風呂
夕ごはん
自由時間
就寝
…時間を意識せずに行動（無制限なので、ダラダラと続けてしまうことも）

がら、高校受験の勉強もはじめなければなりません。激しい練習のあとの塾の勉強。帰宅したときはぐったりして、お風呂から上がるなりすぐ寝てしまう毎日でした。でも、志望高校に合格したいという一心で毎朝早起きして、学校に行く前の2時間を勉強の時間に当て、集中しました。そのかいあって見事志望校に合格しました。

Wさんは、フルタイムで働くワーキングマザー。夕食の献立作りや買物などは土日にまとめてすませる、朝一番に洗濯とそうじをする、メールの返事は電車の中でするなど、時間を効率よく使うための工夫をしています。

そうしてひねり出した時間は、「ゆとりの時間」。本を読んであげるなど、子どもと一緒に過ごす時間にします。そして、子どもが寝てしまったあとはコーヒータイム。わずか10分でも誰にもじゃまされずにホッとできる「私だけの時間」を持つことで、心のバランスをとっているとのことです。

Nちゃんも W さんも、「忙しいからできない」ではなく、時間をひねり出す工夫をしているわけです。

時間を上手に使っている人たちの共通点は、時間を枠でとらえていることです。「何時から何時までは、○○の時間」と区切って、その時間の枠の中で気持ちを集中しています。時間が区切られているからこそ、密度の高い時間の使い方ができるのです。

そう！　時間を区切る習慣をつけることは、集中する力を育てます。

「今は、○○する時間」

アメリカの幼稚園や家庭では、子どもたちに、"It's time to ○○ (今は○○の時間)" ということをよく言います。

「今は、勉強している時間だよ」「今は、先生が話をする時間」「今は、ゆっくり休む時間ね」など、今、なにをしている時間なのか、その時間の目的を言葉に出して確認していました。

時間は見えないものだけに、意識して区切っていかないと流れてしまいます。「今は、○○の時間だよ」と時間を区切ってとらえる習慣を心がけましょう。

子どもたちが通っていた幼稚園には「サイレントタイム」がありました。10分間ほどなのですが、その間はしゃべることはおろか、音を出してはいけないことになっています。

いつもはにぎやかな子どもたちも1日に一回、「サイレントタイム」のときには殊勝な顔をして静かな時間を過ごしていました。じぶんのクッションを出して、静かに座って待つのです。そのあとは楽しいお話の時間がはじまるのが常でした。

「ここからここまでの時間だから、静かにしよう！」と区切ってあったからこそ、子どもたちにも実行できるのでしょう。

「何時まで？」と聞いて、時間を区切る

小さい頃は、やらなくてはならないことより、やりたいことが最優先します。遊びからはじめたくなるのは自然なことなのです。ゲームをする、マンガを読む、遊びに行く、そんな時間はもちろん必要です。

ただし、自由にさせる前に、行動の区切りを確認することが大切です。

この場合の区切りとは、タイムリミットのことです。実際に行動を終わらせる時刻を最初にきちんと決めておきます。

「あと1時間」と子どもが言ったら、必ず「じゃあ、○時○分までね」と、子どもと一緒に時計を見て、実際の終了時間を確認しましょう。

あとから、「1時からはじめたんじゃないよ、15分過ぎてたから、あと15分できるもん」などともめないためにも、タイムリミットを決めておきます。

何時に終わるかと聞いて、「わからない」「適当!」という答えには、「きちんと終わる時間を決めなければやってはダメ」と毅然とした態度で言い渡すことも必要です。終わる時間の10分前くらいになったら、「あと10分で約束の時間」と声をかけます。

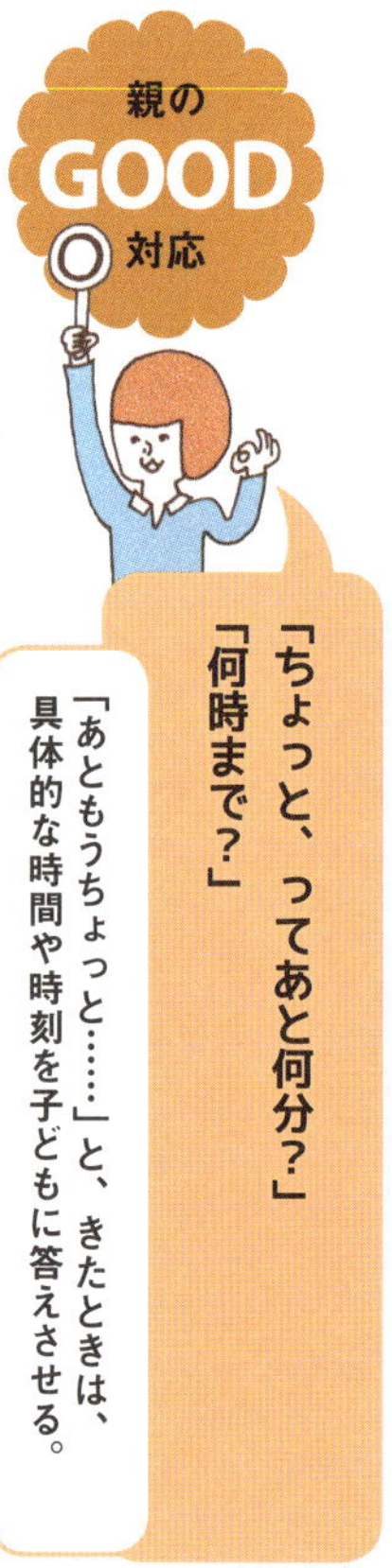
親の
GOOD
○対応
「ちょっと、ってあと何分?」「何時まで?」

「あともうちょっと……」と、きたときは、具体的な時間や時刻を子どもに答えさせる。

トレーニング

4

区切られた時間

時間通りに終わらせるワーク

子どもに時間を区切ることを体感させましょう。ゲームやマンガなど、一度はじめたらなかなかやめられないことで試すと効果的です。

用意するもの

● あらかじめ、イラストのような「時刻表示板」を作っておく

アナログ式 … 厚紙で作る

ハトメで針が動くように作る

決めた時刻に子どもが針を合わせ見える場所に置く

デジタル式 … 紙が12枚ある小さめのスケッチブックを3等分に切る。

①には1～12の数字、②には0～5の数字、③には0～9の数字を書く。

紙をめくって、決めた時刻に設定し見える場所に置く

やり方

①ゲームをするとき、マンガを読むとき、「○時から□時まで」と子どもに決めさせます。

②決めた終了時刻を「時刻表示板」に表示させ、見えるところに置きます。

③終了5分前くらいになったら、「もうすぐ終了時間だよ」と優しく声をかけます。もし過ぎてしまっても、「あれ、もう過ぎちゃってるよ！」と軽い感じで声をかけます。

ポイント

＊宿題の量を確認し、子どもが決めた終了時間が長過ぎるようだったら「少し長いね。△時までにしたら」などと話し合い、終了時刻を決めるといいでしょう。

リストアップで頭の中を整理する

「やらなければならないこと」を明確にする

小学生にもなると、学校の宿題、塾、習い事などやることがたくさんあります。よく考えてみると、家に帰ってから寝るまでの時間はそれほど長くないのです。夕ごはんやお風呂の時間を除くと、実際に使える時間はわずか数時間しかありません。

ところが、この数時間のうちになにをしなければならないのか、わかっていないのがふつうです。はっきりやるべきことがわかっていないから、寝る前になって、「やらなければならないこと」に気がつく。翌朝出かける直前になって、持っていくものを思い出したりするのです。これでは、忘れ物が多いのも当然でしょう。

時間を有効に使うためには、「やらなければならないこと」と「やりたいこと」を明らかにしておかなければなりません。

そのために「やりたいこと」と「やらなければならないこと」を考えさせ、リストアップさせてみましょう。書き出すことで、限られた時間の中でなにをしなければならないか見えてきます。

思いついたこと、すべてを書き出す

「リストアップ」は、頭の中に断片的に漂っている考えを紙に書き出すことによって、やらなければいけないことを確認するスキルです。買い物リストや毎日の「To Doリスト」として慣れている方もいらっしゃるでしょう。

アメリカの子どもたちも、頭の中を整理する「ブレーンストーミング」法の一手法として、ことあるごとにリストアップするよう指導されていました。

かくいう私も、リストアップの方法をよく使っています。毎朝、「しなければいけないこと」を紙に書き出して壁などに貼っておきます。「ゴミを捨てる」「植木に水をやる」など、簡単だけれども忘れてはいけないことも書いています。書き出した項目を線で消すことは快感で、気分がとてもスッキリします。線で消したくて行動を起こすのか、行動を起こすためにリストアップしているのか、わからなくなるほどです。

幼稚園や学校から帰ってからやることを、子どもと一緒にリストアップしてみましょう。

小学校では連絡帳にその日の宿題を書いてくることが多いので、一緒に連絡帳を見て、やらなければならないことを子どもに紙に書き出させます。このとき、学校とは関係ないことも含めて、思いついたことをなんでも書き出すことがポイントです。どれが重要で、どれが些細なことかという判断は必要ありません。まだ字が書けない年齢なら、聞きながら書いてやります。

リストアップの方法は、ものごとを計画的に進めたり、効率的に行なうためのスキルとしてすぐれています。学年が進んでも大人になってからも多いに役立つので、子どものうちからたくさん使いましょう。リストアップが習慣として定着すればしめたものです。

子どもに考えさせる会話をする

リストアップさせるときには、「じゃあ一緒に考えてみようか？」「やりたいことはなに？」「やらなければならないことはなに？」などと聞いていきます。

もし、子どもから答えが出てこなかったときには、「今日見たい番組、なにかある?」「今日の宿題はどんなものが出てた?」

具体的に聞くか、「ピアノの練習は?」などとヒントを与えて、思い出させましょう。くれぐれも、「やるべきことは○○と△△でしょ!」などと親が先に言ってしまわないように注意してください。

リストは、できるだけ具体的に書かせましょう。

たとえば、「テレビを観たい」ではなく「何時からはじまる○○を観る」、「ゲームをしたい」ではなく「今日はゲームを1時間やりたい」という内容になるように、親が促していきます。

「ちゃんとしなさい!」

「ちゃんとしなさい!」という前になにをしなければならないか、じぶんで考えられるアタマを育てよう。

トレーニング

5

やりたいこと vs. やらなければならないこと

リストアップのワーク

実際に、今、やりたいこと、やらなければならないことを書き出してみましょう。書き出してあらためて読んでみると、漠然と考えていたことがハッキリしてくるから不思議です。

やり方

リストアップしてみましょう。

やりたいことはなに？	やらなければならないことはなに？
(例)マンガを読むこと	(例)算数の復習(ドリル2ページ)
テレビを観ること	社会の復習(ドリル1ページ)
(○時から「□□□」)	漢字の書き取り(1ページ)
	ピアノの練習
	卒業生に送る文集の図案

ポイント

＊親の意見をはさまず、自由に書かせます。
＊「やらなければならないこと」は、今日1日のことだけではなく、今、抱えていることすべてを書かせること。

やりたいこと、やらなければならないことに優先順位をつける

どうしてもやらなければならないことを見つける

リストアップしたら、「やりたいこと」「やらなければならないこと」の中から、「どうしてもやらなければならないことは、どれ?」と聞いて、マークをつけさせます。

いくつも○がついたときには、とくに重要だと思うものに◎をつけるように言いましょう。

順番をつけられるようなら、「1、2、3……」と番号を振っていきます。

子どもの関心事を理解する

子どもがつけた優先順位は、親から見て納得できない場合もあるでしょう。たとえば、「やりたいこと」ばかりだった。緊急度の低いものを重要視している。常識的に考えて、今日中に終わらないと思う……など。

でも、子どもなりに考えたことですから、頭ごなしに否定しないでください。はじめは練習としてやるのですから、その選択や順番はおかしいと思っても「そう思ったんだ」とそのまま認めてあげて欲しいものです。

子どもがつけた印から、子どもの「今」がわかります。友だちと遊ぶことに◎をつけたとすると、それが子どもの一番の関心事なのです。

ただ、小学生になると宿題があります。子どもがつけた優先順位のそのままを認めたうえで、親として重要だと思われることについて、「宿題は、やらなければならないことではないの？」と、子どもに問いかけてみます。

子どもがつけた優先順位について、「それはなぜ？」と、その理由について聞いてみましょう。子どもとコミュニケーションをとりながら、一緒に考えていくといいと思います。

子どもにまかせずに、リストアップしたことをときどきチェックしてみましょう。

おすすめは付箋を使うやり方

リストアップは、一枚の紙に思いつくまま、どんどん紙に書いていく方法ですが、おすすめなのが付箋を使うやり方です。

付箋に一項目ずつ書いて、決めた場所に貼っていき、実行できたら付箋をはがしていきます。

付箋だと、優先順位を考えて並べ替えることができますし、翌日に持ち越したときも貼り替えができて便利です。

「やりたいこと」と「やらなければならないこと」で色分けしてみましょう。たとえば水色はやるべきこと、ピンクはやりたいことなら、パッと見てわかりやすいでしょう。

小学生でしたら文字で書きますが、まだ字の読めない子どもには、絵やマークで工夫してあげてください。

付箋は、家族みんながよく通るところに貼ると効果的です。S家では、キッチンの壁に貼っています。何回も目に飛び込んでくると、「やらなくちゃ！」という気になるそうです。

1つやり終えたごとに「はい、終わりー」と、付箋をはがしていくのは楽しく、子どもたちの行動するスピードも上がっていきます。

「よし、それでやってみよう！」

子どもが決めた優先順位だ。レッツトライ！の精神で。

トレーニング

6

ペタッと付箋で能率アップ

リストアップと優先順位のワーク

やること、やりたいことがたくさんあるときは、すべてをリストアップしてから優先順位をつけて能率よくこなしていけるようにします

用意するもの

●大きめ(10cm×10cmくらい)の付箋2色、マジック

やり方

①「やりたいこと」と「やらなければならないこと」を色分けして、付箋1枚に1項目ずつ書き込みます。➡リストアップ
②すべて書き終わったら、やる順番を決め壁などに貼っていきます。➡優先順位
③1つやり終えたごとに、はがしていきます。

ポイント

＊付箋は、家族がよく通る見えやすいところに貼るといいでしょう。
＊頭に浮かんだ項目は迷わずどちらか判断して、書き込みます。

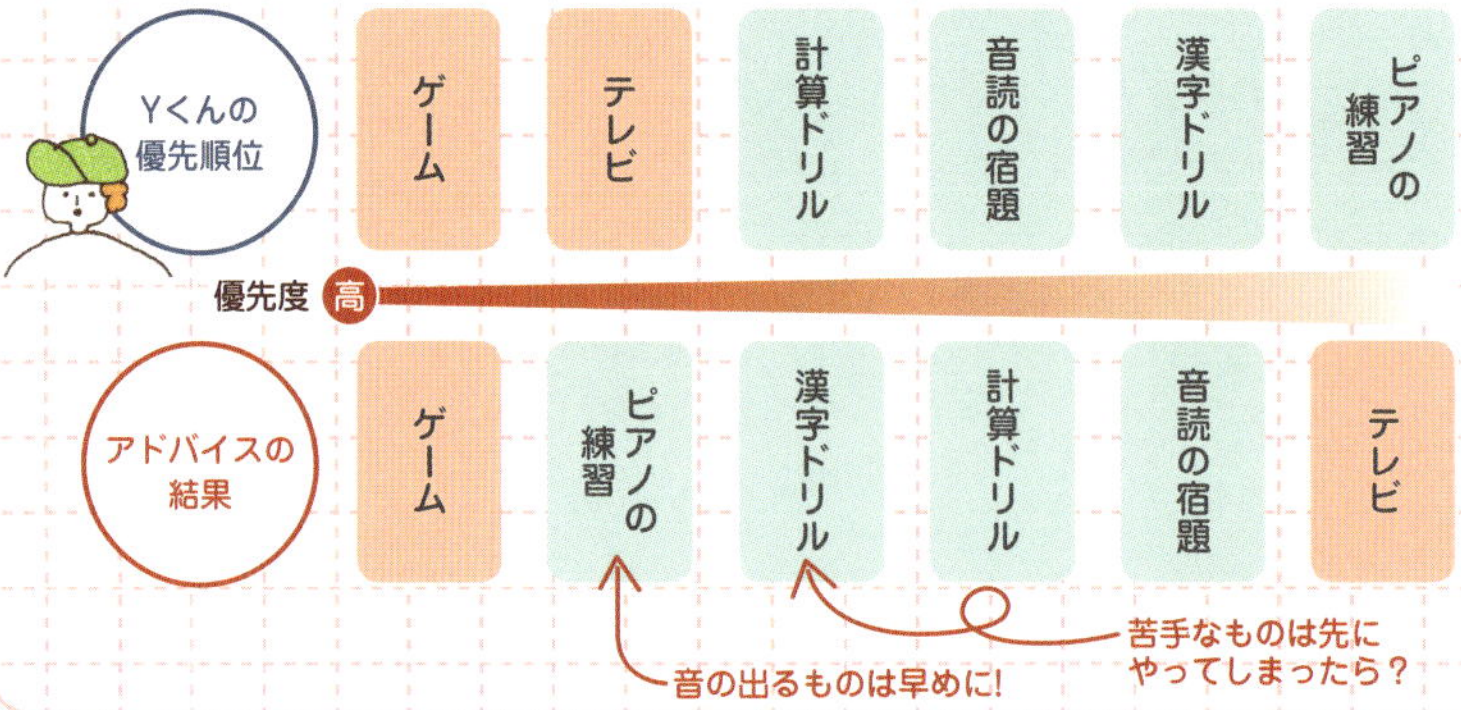

Yくんの優先順位
ゲーム
テレビ
計算ドリル
音読の宿題
漢字ドリル
ピアノの練習
優先度 高
アドバイスの結果
ゲーム
ピアノの練習
漢字ドリル
計算ドリル
音読の宿題
テレビ
音の出るものは早めに!
苦手なものは先にやってしまったら？

重要度と緊急度で優先順位をつける

重要度の高いものから手をつける

仕事にはつねに締め切りがあります。優先順位を決めて仕事を片づけていくことは大切です。優先順位をつける場合、重要度と緊急度に基づいて分類してみます。

Ⓐは、今日やらないといけない大事なこと。重要で緊急。

Ⓑは、今日じゃなくてもいいけど、やらなければいけない。

Ⓒは、今日やらないといけないけど、あまり大事

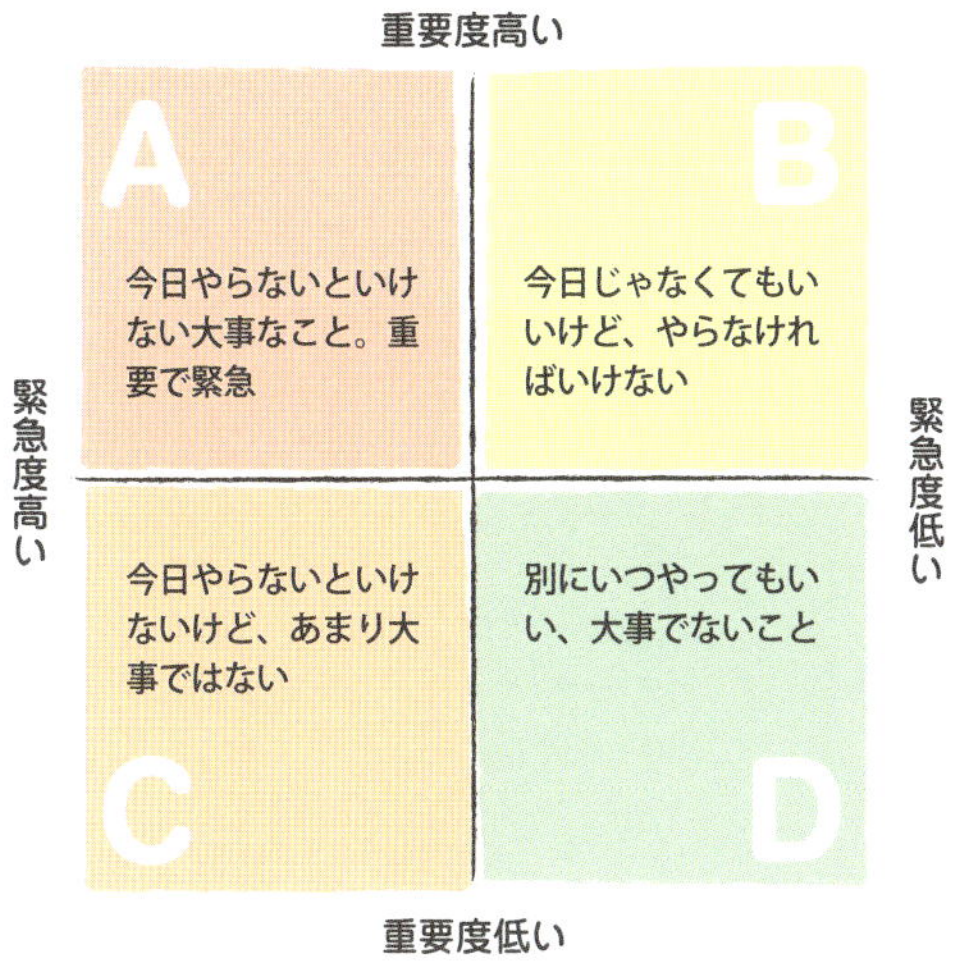
重要度高い
A
今日やらないといけない大事なこと。重要で緊急
B
今日じゃなくてもいいけど、やらなければいけない
緊急度高い
緊急度低い
今日やらないといけないけど、あまり大事ではない
C
別にいつやってもいい、大事でないこと
D
重要度低い

でない。

Ⓓは、別にいつやってもいい、大事でないこと。

仕事ができる人はⒶから片づけていきます。重要度の低いことに余計な時間をとられていると、もっと大事なことにかける時間やエネルギーが足りなくなってしまうからです。

たとえば、ピアノの発表会（Ⓐ）が週末にせまっているのに、今月発売したマンガを買いに（Ⓒ）遠くの本屋まで出かけてしまった……といったこと、ありませんか。

でも、緊急かつ重要なことに力を注ぐことが大事、ということをすんなりとわかる子どもばかりではありません。いえ、大人だって、重要度の高いものを後回しにしてしまいます。

「そんなこともわからないの？」と言うのではなく、「どっちを先にしたほうがいいと思う？」と、子どもに考えさせてみましょう。

優先順位が明確になると、気持ちがスッキリし行動に移るようになるものです。

難しいのが、親から見てⒸのことでも、子どもはⒶと言うときです。そんなときには、子どもの説明をしっかり聞いてあげましょう。聞いていくと子どもの気持ちがわかりますし、話しながら子ども自身が気づくこともよくあることです。

小学生では、優先順位をつけることになじまないかもしれません。でも、中学生になると、宿題が増えたり、クラブ活動にも力を注ぐようになるなど、やらなければならないこと、やり

優先順位のつけ方は、子どもによって違う

	1番		2番		3番		4番
嫌なことから片づけたい　Kちゃん	計算ドリル♠	➡	ピアノ練習	➡	マンガ	➡	テレビ♥
好きなことを先にやりたい　Yくん	ゲーム♥	➡	マンガ	➡	おつかい	➡	漢字ドリル♠

♥好きなこと　♠嫌いなこと

たいことが増えてきます。じぶんで優先順位をつけなければ、多忙な日々をじぶんのペースで過ごすことは難しくなるでしょう。そうなる前に、比較的ゆとりのある小学生のうちから、優先順位をつけるための判断力を養っておきます。

生活していく中で判断力を育てる

予定をリストアップして優先順位をつけることを何回かやっていくうちに、今のじぶんにとってなにが重要か、なにを先にするべきなのかがつかめるようになってきます。

判断する基準になるのは、やはり親の考え方や態度です。

Kちゃんが小学校5年生のある日、次の日までにやっていく宿題が3種類ありました。

Kちゃんは、漢字ドリル、計算ドリル、リコーダー

の順でやろうとしたのです。Ｋちゃんのママは、「音の出るものを遅い時間にしたらご近所に迷惑になる。お隣には赤ちゃんがいる……」と思い、「どうしてその順番にすることにしたの？」と聞いてみました。すると、Ｋちゃんは「なんとなく……」と言うだけ。よく考えて決めたことではなかったようでした。そこで「リコーダーの練習のような音の出るものは、夜遅いと近所の迷惑になると、ママは思うよ」と、アドバイスしました。その後、同じような宿題が出たとき、なにも言わなくても音の出るものからするようになりました。

わが家でも、出かける時間がせまっているのに、子どもがていねいにおもちゃを箱にしまおうとしていたことがあり、「今は、どっちを先にしなきゃいけないかな？」と声をかけたことがあります。

行動を決めるときには、状況から判断することも必要です。なにをどのように判断すればよいかは、ケースバイケースです。折にふれて、少しずつ親の考えを伝えていくしかありません。注意したいのは、アドバイスのしかた。もし、このとき、「リコーダーを先にやりなさい」「なんで先に出かける準備をしないの⁉」と、命令していたら、子どもも反発してしまったかもしれません。

言いたいことはあっても、一呼吸がまんして冷静に、「あくまでもこれは意見だけれども」というスタンスで伝えてあげてください。

メリハリをつけた計画を立てる

経済学の用語に「限界効用逓《てい》減《げん》の法則」という言葉があります。

たとえば、ピザが食べたい、とします。一枚目のピザはおなかが減っているのでとてもおいしく感じたのに、二枚目、三枚目……とピザの満足度は減っていく、という法則です。つまり、人間は同じことばかりしていると飽きてくるのです。楽しいからといってゲームばかりをしていたのでは、たいていの場合飽きてしまいます。勉強も、ダラダラしていても同じことです。集中することとゆっくりすること、机に向かうことと体を動かすことを織り交ぜながら計画を立てたほうが、結局は効率的なのです。

効率を重視するばかりに、作業を詰め込みすぎないよう注意しましょう。

「悪くはないね」

判断力は大人がコーチ。「悪くはないね」と引きとって、スタンス守って、アドバイス！

（マトリックスに順番に貼る）

親「ほかの勉強は？」

子「算数はね、先生が“わかりにくいから復習してきて”って言ったんだ。だからやらなきゃ。社会のドリルもある……」

親「どの時間にできそうかなあ？」■……実行する時間について考えを促します

子「これじゃ、寝る時間がないね。そうだ。社会は明日ないから明日でもできるでしょ。漢字は毎日やったほうがいいけど、今日宿題は出したから明日にするよ」

（考えたことに合わせ、マトリックスに貼った付箋をずらす）

子「今日、塾に行くまでにピアノをして、帰ってきてごはん食べたら宿題の文集と算数ドリルをするよ。寝るのは、10時だなあ」

親「マンガは？」

子「これじゃ忙しくて読めないから、明日だね」

親「それから、明日の準備、いつするのかな？」■……モレはないか聞きます

子「うう……。勉強が終わったら、５分でする！」

（マトリックスの付箋を時間軸の表に移す）

親「言ってみたり貼ってみたりして、どう？」■……一度言ったことをまとめ、行動の意義を確認させます

子「うん。いいと思うよ。なにをやるかがわかると気が楽だし、終わると楽しいことができるってわかるから」

コーチング 1

優先順位を導く

やりたいこととやらなければいけないことを付箋にリストアップしたら、緊急度と重要度のマトリックスを使いながら、優先順位を考えていきます。

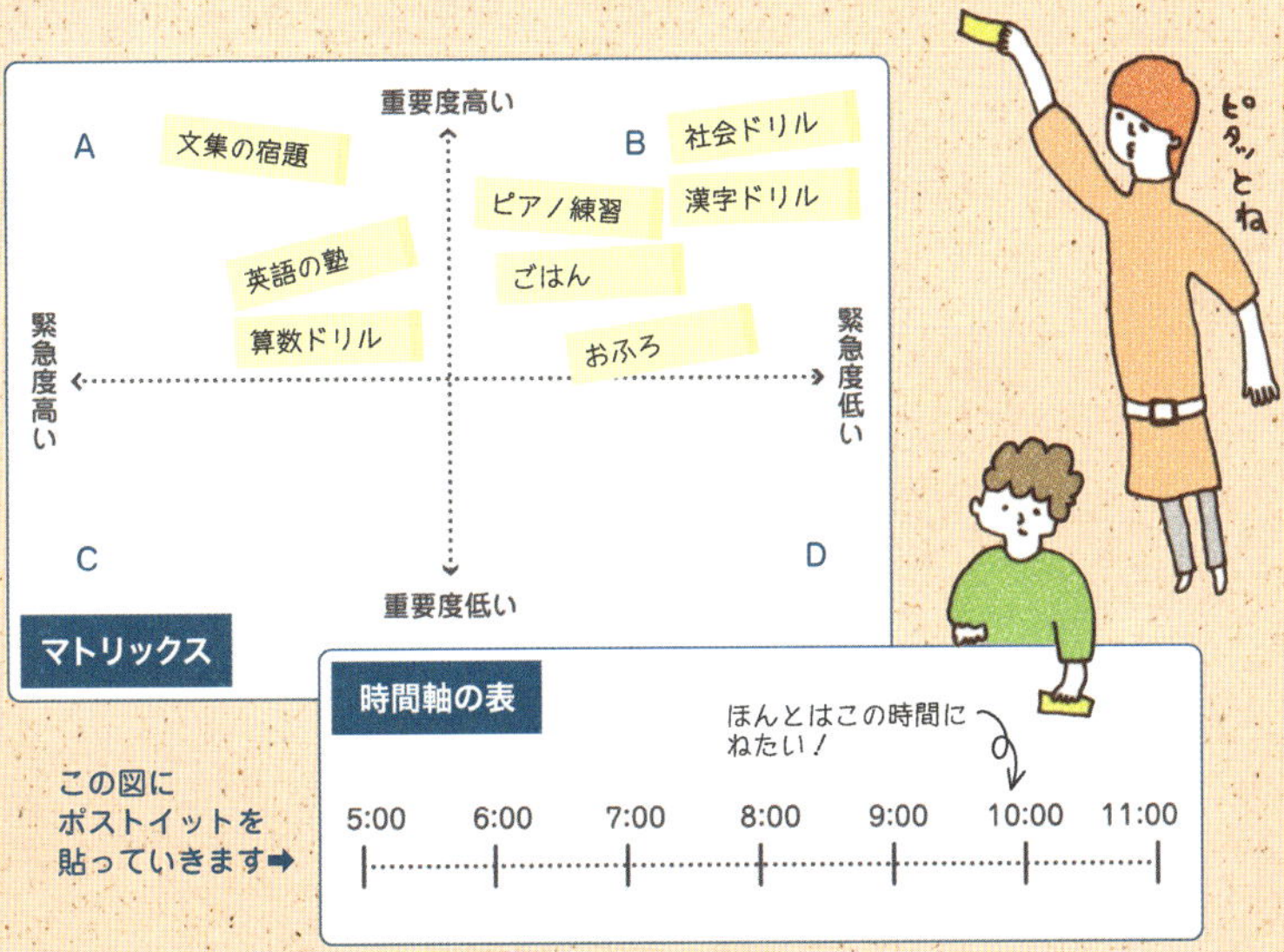

マトリックス
重要度高い
重要度低い
緊急度高い
緊急度低い
A
B
C
D
文集の宿題
英語の塾
算数ドリル
社会ドリル
漢字ドリル
ピアノ／練習
ごはん
おふろ
ピタッとね
時間軸の表
ほんとはこの時間にねたい！
5:00
6:00
7:00
8:00
9:00
10:00
11:00
この図にポストイットを貼っていきます

親「わあ、たくさん用事があるね」……同じ目線に立つことを心がけます

子「本当だ。どうしたらいいんだろう」

親「この中で、一番やらなければならないことは？」……優先順位を整理する問いかけをします

子「文集の宿題」

親「じゃあ、これはAに貼ろう。あとはどう？」……考えを促していきます

子「英語の塾でしょ。剣道。帰ってきたらごはん食べてお風呂はいんなきゃね。ピアノの発表会もあるから、少しでもいいから練習しないと」

行動に見通しを立てる

ゴールはなにかを明確にする

「ゴールはなにか」、つまり、行動の最終目的をはっきりさせ、子どもにも確認します。ゴールがあやふやでは行動もあいまいになり、間に合わないのは当然です。

出かけているときに、子どもがしょっちゅう「まだ着かないの〜？」と聞くのは、単に飽きたからというだけではなさそうです。

いつ終わるのかわからない、いつまで続くのかわからない不安があるからでしょう。

目標が見えていたり想像できたりすることは、安心して行動

できることにつながります。子どもが落ち着いて行動するためには、「目標はあの場所だから、今の行動はこれですよ、そして次はこのような行動をしますよ」と、前もって教えてあげなければいけません。山歩きもガイドさんがいれば安心です。小さな子どもの毎日は、この山歩きのようなものではないでしょうか。

ガイドである親は、必要なものを整え、子どもに行動の見通しを伝え、一緒に歩きはじめます。このようなことをくり返していると、子どもも準備、手順などが身について、親の手を離れて一人で歩けるようになります。

手順を考えるクセをつける

ゴールに向かってなにをしたらいいかを考えるとき、大人でさえ、頭の中にはいろいろな考えがとりとめもなく浮かんできます。子どもならなおさらのこと。できるだけわかりやすくするために、時間の流れに沿ってなにをしたらいいか一緒に手順を考えてみましょう。

この場合、小さな子どもには視覚化したものが有効です。

幼稚園児から小学校低学年くらいでしたら、準備の手順をイラストにして貼っておきます。小学校中学年くらいでしたら、やることの手順をメモさせてみます。「なにから先にしたらいいかな？　順番に考えてみよう」と番号をふって、書き留めさせてみます。筋道が見えて、やる気もおのずと湧いてきます。

　このひと手間が、子どものじぶんルールを作っていくのです。親が決めてしまって「やりなさい」と指示命令するよりも、子どもが主体的に取り組むようになります。

　Hさんの家では、帰ってきてからすることを紙に書き出して、目のつく場所に貼っていました。子どもたちは、それを見てやるべきことを思い出し、行動します。そして、できたらほめ、忘れていたら「靴を脱いだあと、やることはなんだったかな？　貼り紙見た？」などと声をかけ、思い出させます。大人に言われなくても次になにをするのかわかるので、習慣になってきます。とくに、小さい子どもの場合、視覚化はとても役に立ちます。

　行動が定着してきたら、もう視覚化しなくても大丈夫。習慣になったら、貼り紙はやめてしまったほうがいいでしょう。

親の
GOOD
対応
「やることは何だったっけ？」
まずは手順を考えさせるべし。「いつまでかかってるの！」気持ちはわかるがどならない。

コーチング 2

ゲームする時間を決める

親に時間を管理されるのではなく、じぶんで時間のコントロールができるようになることをめざしましょう。ここでは、1時間だけゲームすると決めたAくんとのコーチングです。

親「ゲームして1時間たったら、やめるって言ったでしょ。お母さん、じぶんで決めたAがとっても嬉しいよ。1時間て決めたのはどうしてかな？」

> **じぶんで決めたことを認めます**

子「お母さんがいつも1時間て言ってるジャン」

親「へー。そうか。ちゃんとお母さんの言うこと、聞いていてくれていたんだね。けどゲームって楽しいじゃない。ゲームやってると、もっとやりたいって思うこともあるよね。1時間たったら、どうするか考えてる？」

> **オープンクエスチョン（相手が自由に答えられる質問）で考えさせます**

子「……。わかんない。」

親「ゲームしたあとは、なにをするんだっけ？」

> **考えを促します**

子「宿題・ごはん・風呂」

親「宿題、なにがあったっけ？」

> **気づくように、質問します**

子「今日はさあ……ぎっちりなんだよなぁ。明日、漢字のテストだしなぁ……やっぱ、（ゲーム）1時間が限度なんだよな。絶対、1時間でやめるよ」

親「そうか。じゃあ、時間がわかるようになにかアイデア、ないかな？」

> **じぶんで行動できるように具体的に聞きます**

子「よし。目覚ましかけといて鳴ったらやめるよ」

親「本当に？」

> **念を押してやる気を確認します**

子「おお」

親「なんかA、頼もしいなあ〜。お母さんもじぶんの仕事、がんばろうって思えるよ」

> **相手を認める言葉を伝えます。Aの行動について感じたことを伝えます**

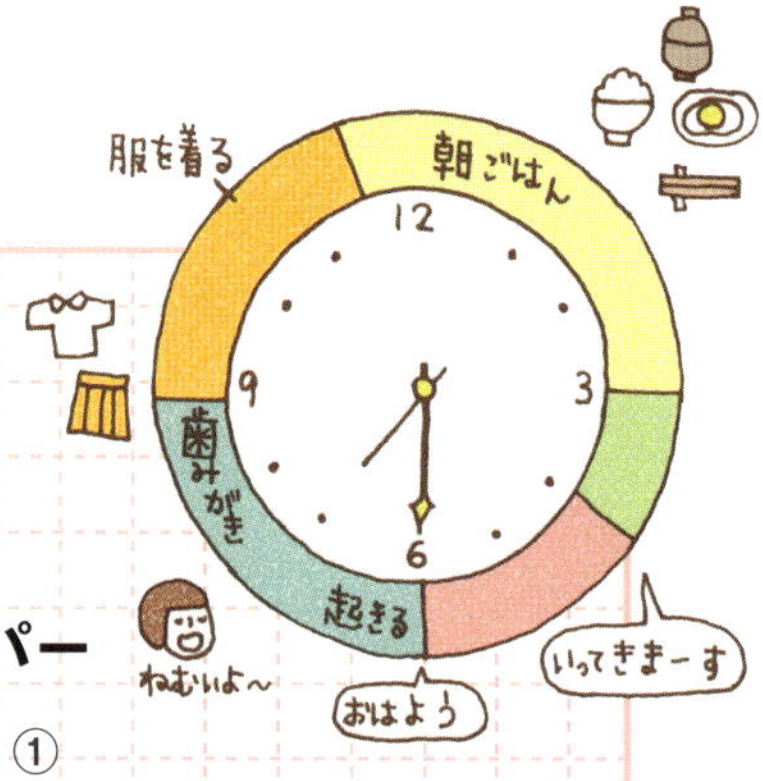

トレーニング

7-1

朝のタイムペーパー

見通しを立てるワーク ①

朝起きてから必ずやらなければならないことを利用して、見通しを立てるトレーニングにしてしまいましょう。遅刻しなくなるおまけつきです。

用意するもの

● 時計よりひと回り大きい厚紙

やり方

①時計の回りに厚紙を貼り、朝起きてから出かけるまでにやらなければならないことを、長針に合わせて書き込みます。

②毎朝、時計を見て「今はなにをする時間か」確認。時計そのものがタイムキーパーになります。

ポイント

＊文字が読めない子どもには、イラストにするなど工夫して。

トレーニング

7-2

かしこい買い物

見通しを立てるワーク ②

買い物リストを作り、どういう順序でお店や売り場を回れば早く上手に買い物できるか、考えさせます。

ポイント

＊リストの中には、冷凍品やかさばる大きなものを入れておく。冷凍品や大きなものを後回しにしようと考えられれば、結果を想像したことになります。

逆算するクセをつける

準備には時間がかかる

「寝る時間、とっくに過ぎているじゃない！　早く寝なさい！」

連日、こんな言葉を子どもたちに投げつけて、疲れてしまったSさん。

あるとき、アメリカ人の友人に「うちの子、計画性がなくて」と嘆きました。するとと、「小さいうちは、前もってなにをするか子どもによく話して聞かせなければいけないわ。子ども一人でできるわけはないでしょう？」と、アドバイスされたのです。その友人は、ものごとを行なう前には準備の時間が必要なことを、小さなときから子どもたちに話して聞かせていたそうです。

たとえば、寝る前には、パジャマに着替えたり、歯を磨くなどの時間がかかり、寝る時間と決めた30分くらい前から準備をしなければ間に合わないことを前もって教え、寝る時間までにどんなことができるか、優しく声かけして促しているそうです。

大人が経験の積み重ねによって無意識に準備していることでも、子どもにはたやすいことではありません。行動を起こすためには準備が必要なことを、1つひとつ順序立てて教えていきましょう。

行動を起こす時間が決まっている（タイムリミットのある）ときは、

●**行動を起こすまでにやらなくてはならないことはなにか。**

●**それぞれにかかる時間はどれくらいか。**

たとえば、8時までにベッドに入る（これをゴールと考える）ためには、歯磨きをしたり、トイレに行ったりする時間が必要です。その時間を差し引いていくと、行動しはじめる時間がわかります。

これを逆算といいます。

どのくらい準備が必要か確認し、時間を予測する

私たち大人は、たとえば、毎朝の洗顔がどれくらいか、服を選び着替えるのに何分かかるかなど、日常生活の行動にかかる時間をおおよそ把握しています。毎日のくり返しによる経験と、暮らしの中で時間を意識しているためです。

ところが、子どもはそうはいきません。子どもにおおよその時間を把握させるためにも、

日々の行動にかかる時間を計ってみましょう。

寝る前の準備について、子どもと一緒に逆算してみましょう。

準備することをリストアップして、それぞれどのくらいかかるのか、時間を計ります。

Aちゃんは、寝る準備が1時間かかることがわかりました。したくをはじめるのが遅くなれば、本を読んでもらう時間がなくなります。たくさん本を読んでもらいたいAちゃんは、したくを早くはじめるようになりました。

同じようにして、学校や幼稚園に行く前の朝の準備、おけいこごとに行く前の準備についてもやってみましょう。

Aちゃんの場合
お風呂に入る　25分
パジャマに着替える　5分
服をたたむ、あるいは汚れ物を　洗濯かごに入れる　2分
ふとんを敷く　5分
歯を磨く　2分
おやすみなさいを言う　1分
本を読んでもらう 20分（計60分）
寝る……ゴール

「準備にどれくらいかかるかな?」

「とっくに過ぎているじゃない!」とカッカカッカとする前に、行動を促す言葉かけ。

私が考えたこと	お母さんからの提案	決まったこと 内容	日程
パーティの内容を考える			2週間前
お父さんはなにを喜ぶかな？	まみちゃんがピアノを弾いたらどうかな？	私がピアノを弾き、お母さんとお兄ちゃんが歌う	
玄関に「おめでとう!」のポスター。 部屋に飾り	ポスターを字と絵だけでなく、なにかで飾ったら？	折り紙で飾りを作り、貼る	
お父さんの好きなお料理はなにかな？	ポテトサラダをまみちゃんが作ったら？	ポテトサラダは私が作る	
ケーキはどうする？	焼いている時間はない	ケーキは駅前のお店で買う	
飾りつけの材料を買いにいく	まず、家にある材料をチェックしてみて！ 折り紙の飾りは、1週間前から作りはじめたほうがいいよ！	大きな模造紙。折り紙はない色を買う 折り紙の飾りを作りはじめる。毎日3個ずつ作ることにする	1週間前
		お母さん、ケーキ注文	2日前
飾りつけを作る。ポスターに字を書く 折り紙の飾りを貼りつける			前日
いつポテトサラダを作ろうかな？	お昼のしたくを手伝いながら作れば、ばれない	ポテトサラダを作る	当日 お昼のしたくをしながら
飾りつけをする間、お父さんをどこかに連れ出す	お兄ちゃんに頼んだら？	お兄ちゃんが、公園でサッカーをしようとお父さんを誘う	当日 3時頃
ケーキをいつとりに行く？	お父さんとお兄ちゃんが出かけたら	お皿やフォークを用意しておく	当日 3時すぎ

トレーニング

8

お父さんのサプライズ・バースデイパーティー

逆算のワーク

子どもは、ドキドキワクワクが大好き。人をビックリさせて喜ばせるワクワク感が大きいサプライズパーティは、計画するのも実行するのもやる気が増すから逆算の練習にはもってこいです。

やり方

①やりたいこと、やらなければならないことを表にリストアップします。
②それぞれにかかる時間を親子で考えていきます。

ポイント

＊親は、「こんなのどうかしら？」「こうしてみたら？」と提案形式で。「こちらのほうが絶対うまくいくから、こうしなさいよ！」という押しつけはやめましょう。
＊結果よりも、いろいろと計画させること、どうやったら計画通りに進み、人を喜ばせられるかを予想させることを重視してみましょう。

時間配分する力をつける

練習によって感覚をつかむ

これまでは、準備時間が十分にとれるときの考え方を紹介しました。

けれど、日常生活の中では、時間は限られていることがほとんどです。時間内に「しなければならないこと」を完了するには、時間配分する力が必要です。

とくに時間配分が必要なのは、試験のときです。テストの出来、不出来は、時間配分がポイントです。制限時間の中で、どれを先にやってどの問題にどれくらい時間がかかりそうか推測し、時間配分を決断します。

時間配分の感覚は、練習によって、じぶんでつかむものです。

生活の中での時間配分も同じことです。制限時間内で優先順位を考え、見通しを立てて実行していく、こういったことをくり返しながら時間配分できるようになるのです。

時間配分の流れ

15:30-18:00までに次のことをできるだけやりたい！ → 優先順位をつける → それぞれにかける時間の見通しを立てる → 時間内に終わらないものを切り捨てる

15:30-18:00までに次のことをできるだけやりたい！	優先順位をつける	それぞれにかける時間の見通しを立てる	時間内に終わらないものを切り捨てる
・友だちとサッカー ・ゲーム ・テレビアニメ ・宿題 ・マンガ ・プラモデル	1.宿題 2.友だちとサッカー 3.テレビアニメ 4.プラモデル 5.マンガ 6.ゲーム	1.宿題　30分 2.サッカー　1時間 3.テレビアニメ　30分 4.プラモデル　30分 5.マンガ　30分 6.ゲーム　1時間	1.宿題　30分 2.サッカー　1時間 3.テレビアニメ　30分 4.プラモデル　30分 ~~5.マンガ　30分~~ ~~6.ゲーム　1時間~~
	・宿題は明日まで ・暗くなったらサッカーはできない	・用意する時間、移動する時間も入れたよ！	・マンガとゲームはあとでやろう

ただし、小さいうちは1つのことに集中することが大切なので、時間内に複数の仕事をこなす、間に合わせるといった機会はあまりないかもしれません。

年齢が上がるにつれ、時間内にしなければならないことが増えていきます。時間配分が上手にできるようになると、時間を有効に使え、ゆとりも生まれてきますので、少しずつ、「時間内にやる」という体験をさせていきましょう。

不要なことは切り捨てる

限られた時間の中でそつなく行動するためには、重要度を考えて「切り捨てなければならないこと」を的確に判断する能力も必要になってきます。

切り捨てなければならないことを決めるために、親の考え方、価値観を伝えていかなければなりません。

「あなたにとって、今、大事なことは宿題ですよ」というようにです。

子どもにとって大事なのは、宿題を含め、勉強をする時間。宿題はとにかくやらなければならないこと。その時間が第一番目にくるのだと、教えていきましょう。

宿題は、じぶんの学習に役立ち、成績がよくなるという目の前のことばかりではなく、義務感、責任感、独立心を育て、じぶんの時間を管理する訓練になります。

出された宿題をやり遂げられるかどうかが、将来にも影響することだと子どもに説明してあげてください。

時間が足りなければ、遊びの部分を切り捨てなければならないでしょう。その分、週末の休みに羽根を伸ばす時間をあげてはいかがでしょうか。

大事なことは、はずさずに。不要なことを、切り捨てる。判断力を培う、経験という名の反復練習。

トレーニング

9

ねらえ、300点

時間配分ワーク

一定の時間を与え、複数のテストを同時に行なうという、勉強にゲームの要素を取り入れたトレーニングです。はじめは、1枚目に時間を使い過ぎて最後までたどり着けないかも。

用意するもの

● 一枚５分でできる小テスト三枚（できれば三種類別教科にしましょう）

やり方

① 小テストを「15分で三枚ね」と言ってやらせます。
② 時間がきたらテストを回収して答え合わせをします。

ポイント

＊一枚を極端に簡単にしてみるのも面白いです。どれからこなしていけばいいか次第に気づき、やり方を工夫するようになります。
＊勉強になるのはもちろん、じぶんで時間を区切って使う訓練になります。慣れてきたら、枚数を増やしても。ただし、15分をこえると集中力が切れてしまうので注意が必要です。

段取りする力をつける

コツは小さな作業に分解すること

ものごとがうまく運ぶように前もって準備する力、それが、ビジネスの場合などでよく使われる「段取り力」です。

段取りをするコツは、やらなければいけないことをいったんバラバラにして、シンプルな作業に分解することです。

たとえば、大きなビルの建設も、その1つひとつの作業は一人の人間ができる小さなことです。小さな作業を積み重ね、最終的には複合的に組み合わさった1つの大きなビルが建つのです。英語にも「象を食べるなら、一回に一口ずつかじることだ」という表現があります。

分厚い英語の本を、丸ごと一冊読まなければならないことがありました。私は、見ただけで目がクラクラしてしまいました。ところが、友人は最初にページ数を確認し、タイムリミットまでの日数で割って1日のページ数を決め、意志強固に読み続けて読破しました。100ページの本だって、1日5ページ読めば、20日で読み終わるのです。

大きな仕事を小さく簡単な作業に分解して根気よく続けていけば、じぶんでも想像できないことができるのです。

このことを、幼いときから体で覚えて欲しいと思います。

小さな作業を組み合わせ、手順を考え、時間配分しながら、目的の時間までに実行します。ものごとを段取りする力は、経験を重ねることによって身についていきます。学校行事の責任者になったり、クラスのグループ長、係といった世話役的な活動を行なう中で、知らず知らずのうちに、社会人になって仕事をやり遂げるうえで重要な段取りする力が培われます。

家事を子どもに手伝わせる

家事には、段取りが必要なことがたくさんありま

す。子どもの年齢に合わせて、家のしごとを手伝わせてみましょう。

とくに料理は、段取りのトレーニングにうってつけです。「これから○○を作ろう！」という目標に向かって手順や方法を組み立てます。洗ったり刻んだり、その間に炒めたり盛りつけたりの作業を時間配分しながら行ないます。最初は簡単な献立てからはじめて、手間のかかる料理へ、品数も増やしていきましょう。幼児なら、洗濯ものをたたんで所定の位置にしまう、そうじをするといったことも段取りトレーニングになります。

はじめは手際が悪くても、そこをがまんしてお手伝いさせること。日常生活のお手伝いが、子どもの段取り力を自然に養います。

また、家族でお出かけをするときの行動を考えてみることも、段取りの練習に向いています。

目先の「かわいそう！」は、将来の「かわいそう！」。段取り力は生きる力、磨けば磨くほど生きてくる。

トレーニング

10

お出かけプランニング

段取りのワーク

今週の週末、家族で○○テーマパークに行くことになりました。さぁ〜、楽しく過ごすために、お父さんとプランを立ててみましょう！

やり方

①どんなところが面白いのか、その遊び場について、本やインターネットを使って調査します。
②時刻表やネットで、行き方を調べます。
◦目的地までどうやって行くか、電車のルートと移動時間は？　家から駅までかかる時間、駅から目的地までかかる時間も忘れずに。

◦何時頃着いたらいいか、移動時間はどのくらい必要か、時間を予想し、逆算して出発の時間を決めさせる。

◦交通費も計算させる。
③周りのお店でいいところがあるか、本やネットで調べましょう。
◦行きたいお店があったら、その時間も予定に入れさせる。
④持っていくものを考えます。
◦「なにを持っていったらいいかな？　お弁当は？　服装は？　いろんなことが考えられるね」などと声をかけ、子どもの考えを促す。

集中力を養う

集中と発散

与えられた時間の中でものごとをやり遂げるには、集中力をつけることが大切です。

とくに、勉強ではいくら時間をかけたかということよりも、どれだけ集中したかがポイントになります。子どもが大きくなるにつれて、集中力を養うことはより重要になってきます。

どうしたら子どもに集中力をつけることができるのでしょうか。

まず親のやるべきことは、集中できる環境作りです。

宿題をする時間は、テレビを消していますか？　テレビやラジオがついていては、気が散ってしまいます。

また、十分な睡眠、適度な運動、健康的な食生活を送っていますか？

これら基本的なことが、集中力を維持するためには必要です。

集中できない原因は？

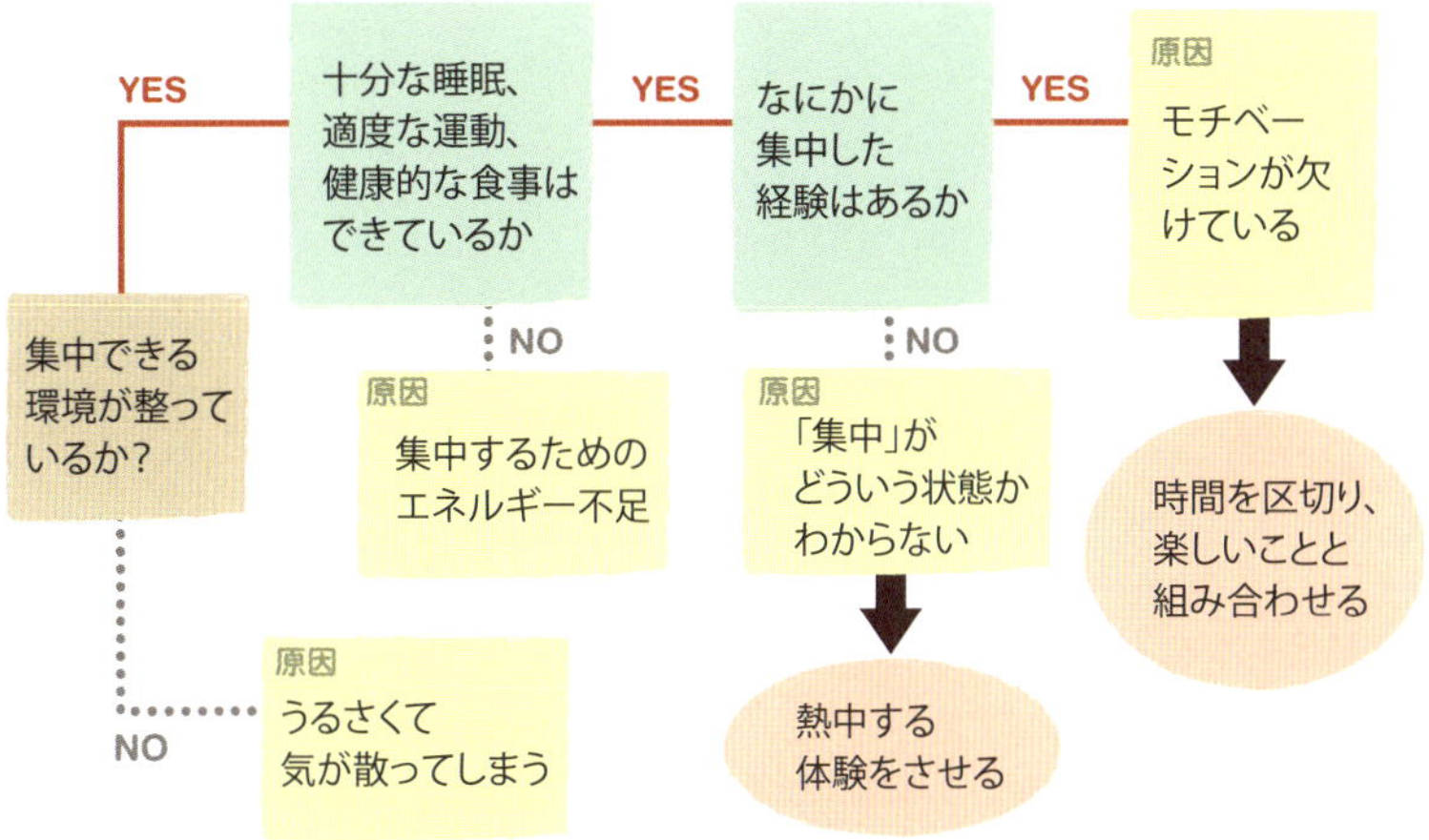
集中できる環境が整っているか？
YES
十分な睡眠、適度な運動、健康的な食事はできているか
YES
なにかに集中した経験はあるか
YES
原因
モチベーションが欠けている
時間を区切り、楽しいことと組み合わせる
NO
原因
集中するためのエネルギー不足
NO
原因
「集中」がどういう状態かわからない
熱中する体験をさせる
NO
原因
うるさくて気が散ってしまう

そのうえで、「時間に区切りをつけること」を練習します（54ページ参照）。

「この時間で、やろうね」「ここまでで、終らせようね」と終了時間をきちんと決めてはじめます。「○時までの30分、がんばろうね。そのあと、おやつの時間にしよう」というように楽しいことと組み合わせて、子どもを集中に向かわせます。終わったら「好きなこと」ができる、「楽しいことが待っている」を促しながら、目標に集中させるのです。

注意したいのは、早さだけにとらわれないことです。宿題を終わりさえすれば「好きなこと」をしてもいいというのは、スピードアップには役立ちますが、「やるべきこと」の質を落としかねません（たとえば、字が雑になる、計算間違いがある）。決めた時間内は、たとえ宿題が終わっても本を読むなど、その時間は集中する事柄に使いきることが大事なのです。

逆に時間内に終わらなければ、そのあと、テレビなどを観られないルールを作っておけば、集中力が高まるでしょう。

時間を区切って「集中と発散」をくり返します。こうしたことの毎日のくり返しで集中力がついてきます。

好きなことに集中させる

誰でも、好きなことをしているときには集中します。嫌々ながらしていることには集中できないのは、じぶんの経験に照らしてみても納得できることです。

子どものとき、好きなことを十二分に楽しむことで集中力の基礎が作られるので、時間を気にしなくていい幼児の頃に、子どもの好きなことを気がすむまでさせることが大切です。将来に必要となる「集中する力」の種を植えるつもりで。

子どもが率先してやること、楽しくやっていること、好きなことはなんですか？　その時間、子どもは集中していますか？　子どもが集中するものに夢中になれる環境を与えてあげてください。「子どもの関心を見極め、伸ばしてあげる」のが親の役目です。その子の人生の方向性が見つかるとすれば、こんなに幸せなことはありません。

イメージを作る

集中力を養うためにスポーツ選手がよくやっているのが、イメージトレーニング。意識を目標に向けて「必ずうまくいく」と、イメージする方法です。「この時間内にきっとできるよ」というイメージを描けるように声かけをしてあげてください。くり返しやっているうちに、成功体験が身についてきます。

「この時間で、やろうね」

「集中しなさい！」ではなく、子どもの好きなことを気のすむまでさせる。

トレーニング

11

実践！ インターバル勉強法

集中力を高めるワーク

ゲーム感覚で時間を区切れば、気分ものって集中力も増します。最初に、親子で話し合ってルールを決めておきましょう。

用意するもの

● タイマー　● 勉強するもの

やり方

①勉強時間と休憩時間の長さを決めます。休憩時間はあまり長くならないように。

◦休憩は、外の空気を吸う、トイレに行く、水を飲むなどが適当。テレビを観たり、読書をしたりはよくない。

②プロレスやボクシングの試合のように、「１ラウンド、はじめ！」のようなかけ声で勉強を開始します。

◦バレーボール風に「第一セット終了！」などもいい。スポーツの試合のように見立てるのがコツ。

実録！ インターバル勉強法

４年生のわが娘はとても飽きっぽい。30分もたたないうちに窓の外を眺めたり、手の先を見つめていたり……。心ここにあらずだ。あるとき、「小学生が勉強に集中できるのは15分」という話を耳にし、娘に「15分だったら集中できる？」と聞いたら、「それくらいならできるかも」という答え。そして、15分勉強、５分休憩というパターンを二回くり返した。「15分って、なんだかあっという間だね」と娘は集中できたことがとてもうれしそうだ。このパターンを四回くり返して合計１時間、勉強ができたときは本人もびっくり。その後、15分以上集中できそうと本人が思いはじめたので、一回の集中時間を20分、25分とのばしていった。

高校生になった彼女は、集中力が切れてきたなと感じたら休憩をとり、気分転換をしてまた集中できるように、じぶんでコントロールできるようになっている。

のんびりできる時間を作る

好きなだけゆっくりする日

時間の流れは止められません。意識しなければどんどん過ぎ去ってしまいます。だからといって、効率ばかりを追求していくと、ゆとりがなくなって時間に追われたり、振り回されたり、味気ない人生になってしまいます。

「ゆっくりする」と決めた日を設けて、気持ちを発散することも意識してみましょう。

Sさんの娘さんが小学校5年生のとき、アメリカ人の友人の家に、週末になると泊まりに行っていました。その日は、仲良しの友人を呼んでビデオを観ながらお菓子を食べて、夜、好きなだけ起きていていい日、なのだそうです。翌朝も好きなだけ寝ていてもいいということになっていました。

子どもたちは、学校がある日は宿題に追われ、親のコントロールのもとで規則正しい生活を

のんびりする時間も大切

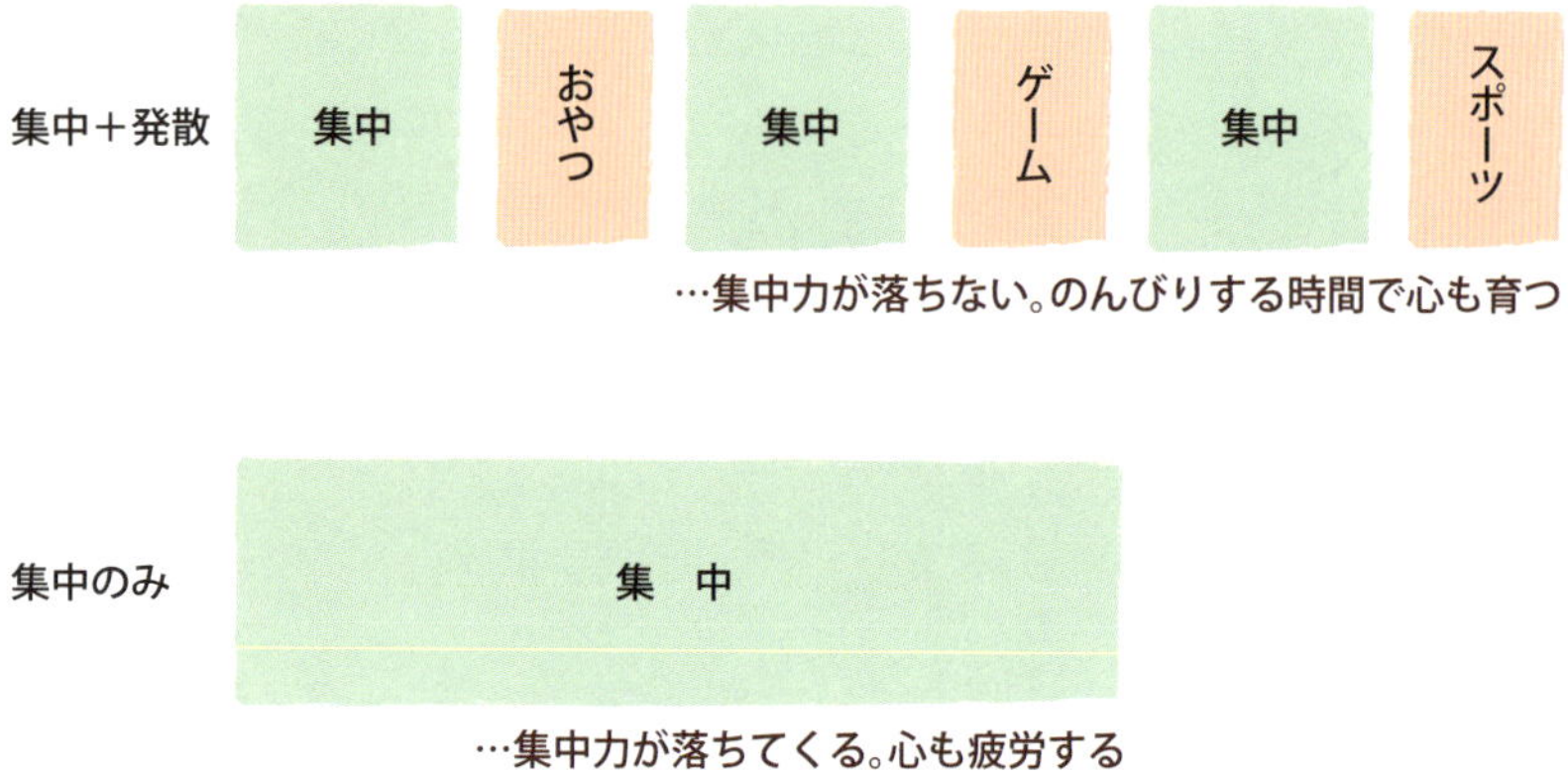
集中＋発散
集中
おやつ
集中
ゲーム
集中
スポーツ
…集中力が落ちない。のんびりする時間で心も育つ
集中のみ
集　中
…集中力が落ちてくる。心も疲労する

しています。そのかわり、週に1日は「好きなことをしてもいい日」を設けています。娘さんの友人はその日を楽しみにしているそうです。平日は宿題に追われているから、休日にはリラックス。メリハリがついた生活です。

欧米の大学生の生活を見ていると、メリハリの習慣が身についているなと感じます。

週末のパーティーを楽しみにして、ウィークデーには集中して勉強する。スポーツをしてストレスを発散することによって勉強に集中する。オンとオフの切り替えが上手で、集中力を高めることを意識的に行なっているな、とつくづく感心します。

「これだけがんばったら、次はおやつの時間にしようね。それまでは集中しようね」などと声をかけ、「集中と発散」の切り替えを習慣にして身につけさせましょう。

ムダを温かく見守る

そもそも子どもは、効率という言葉とはほど遠い存在です。無意味でムダとも思えることに長い時間興じています。親から見ると本当に、しょうがないことで時間を浪費しています。

娘たちが小さい頃、「シルバニアファミリー」のお家に夢中でした。とても精緻に作られているミニチュアのおもちゃです。洋風の二階建ての家には、ベッドやテーブルなどの家具調度、お皿に盛られたフルーツやケーキ、ドーナッツなどが付属していて、なんともかわいいメルヘンの世界でした。

ところが、娘たちが好きだった遊びは、その小さな窓から家の中へ、小物のドーナッツやくだものを放り込むこと。遠くまで飛べば大喜び。私からみれば、「トホホ……」の遊びでしたが、娘たちは何百回もやってはゲラゲラ笑い、うち興じていたのです。

こうした子どものムダも大事なこと。辛抱強く、温かく成長を見守ってあげることが親の役目だと思

うのです。

私の友人のIさん。「うちの子どもたちは、受験のときになると、折り紙でツルを折っているの。千羽鶴を作るとか目的はまったくないのに折り続けている。袋にいっぱいたまっているわ」と、教えてくれました。

Iさんの子どもたちにとって、ツルを折るのは心落ちつく時間だったのかもしれません。ツルを折ることで受験期のストレスを癒し、心のバランスがとれていたのでしょう。

なにもせずにボーッとしたり、ジーッとなにかを見ていたりする——。じぶんの中を考える、内省する貴重な時間です。こんな時間が子どもにとって、とても大切です。

子どもが内側から欲したこと、自発的にする遊びを十二分にさせてあげてください。たとえ大人から見てムダなことであっても、その時間が子どもの心を育てていきます。

「ボーッとしてんじゃないのっ！」と言うより、「ねえ、お茶飲まない？」という余裕を。

4

さあ、実行！

親はあれこれ言わずに、根気強く寄り添う

最初は親と一緒に

パート４では、計画を立てるときの手順や考え方、親はどのようにかかわっていったらいいかを紹介しましょう。

限られた時間の中で計画的・効率的に動くことは、大人でも難しいことです。はじめのうちは子どもだけに任せずに、親が一緒になって時間の使い方を導いてあげてください。考えを押しつけるのではなく、子どもに考えさせることが大事です。

アメリカの大学生たちが自律的なのは、小学生から高校生にかけての一貫した自己管理教育によるものだということを、現地での子育てを体験して強く感じました。

時間マネジメントのやり方は、ちょうど、子どもの頃、はじめて自転車の練習をするときのようなものです。大人が後ろから支えながら自転車を走らせ、安定したところで手を離す。親

と教師が連携し、協力して見守り、習慣化したところで子どもを自立させる、そんなシステムを作っていきましょう。

毎日ほんの少しの時間でいいので、子どもの時間マネジメントの習慣ができるまでは、根気よく寄り添ってあげてください。

子どもの話をよく聞く

子どもにつき添っていると、つい、大人の経験からあれこれと口出ししたくなってしまいます。見守っているつもりが、子どもの行動が気になって「早く〜」とせかしたり、「まったく、なにやってるの？」とけなしたり、口うるさく言い過ぎてしまいます。

Yさんは、一人娘のMちゃんに規則正しい生活を習慣づけようとするあまり、気がつくとアレコレと口うるさく言っていました。

Mちゃんが小学校4年生になったとき、自主的に動かないことに気がつきました。朝は起こされ、「早く行きなさい」とせかされて出ていきます。学校から帰ってきたら「宿題はやったの？　ダラダラしないでやっちゃいなさい」「早くお風呂に入りなさい」「早く寝なさい」……と、どなられてせき立てられて動いていました。

それは、心配のあまりとはいえ、せき立てているじぶんにも一因があるのではないか、とYさんは思いあたりました。

そこで、おやつを食べながら、Mちゃんと話し合ってみました。

「どうしたいの？」

「今はどうなの？」

「どうしたらいいと思う？」

アドバイスや批判をしないで、ゆっくりと時間をかけて、Mちゃんの言うことに耳を傾けたそうです。そして、じぶんで起きること、目覚まし時計を買ってくることを、二人で決めました。リビングのいつも見ている壁掛け時計に、「着替える」「歯磨き」「行ってきます！」などと書いたシールを貼って、時刻と行動を確認する工夫をしました。時計は一緒にお店に行き、Mちゃんのお気に入りを買いました。

それ以来、ときどき目覚ましをかけ忘れたり、忘れ物などがあっても、Yさんはガミガミと怒らずに時刻を知らせるだけにしました。Mちゃんが学校から帰ってきたら「明日はどうしたい？」「どうすればいい？」と聞くようにしました。そんなことを半年ほど続けているうちに、Mちゃんは、親に言われなくても学校に遅刻せずに出かけるようになりました。おけいごとなども、じぶんでサッサと準備をして出かけられるようになったといいます。

親は、ゆっくりと見守って

時間はかかるかもしれませんが、考えさせ行動させて、そこから子ども自身がなにかをつかむ、このプロセスが大事なのです。やってみてうまくいくこともあれば失敗することもあります。この体験が貴重です。子どもはそこから学びます。

ところが、私自身もそうなのですが、親は、どうしても子どものやることが気になってしまう。「次は、〇〇でしょ」「〇〇しなさい」と先走って指示をする。ダラダラしていると「さっさと、やっちゃいなさい」とせかす。失敗すれば「まったくぅ。言うことを聞かないから……」「だから、言った通りにすればよかったのに」、言ってもしかたがないのに、口から出てしまう。これでは、子どもが「やろう！」とする意欲をそぐだけ。せっかく行動から気づくチャンスを奪ってしまいます。

逆にこんなケースもあります。

幼稚園に子どもを通わせている友人の一人は、「まったくせかす言葉を言わない」と言うのです。一同、どんな工夫をしているのか、耳を傾けました。すると、「ゴチャゴチャ言いたくないので、服を着せ、くつをはかせるのは私。全部やってあげているわ」。一同開いた口がふさがりませんでした。

成長には経験が必要です。子どもにとって楽しい経験だけをさせたいというのは親としてわかりますが、苦い経験、失敗する経験、悲しい経験、どれも成長にとって大切なのです。目は離さないで、ゆったりと構えて見守っていきましょう。

「さっさとやっちゃいなさい！」

これでは考えない子どもに育ちます。先走らず根気よく話を聞く、見守る。

コーチング 3

時間通りに行動する

子どもを信じ、肯定的にかかわることが大切です。親も行動で示すことで、時間を守ることが大事と認識をさせて、徐々に時間を意識した行動をとるように促しましょう。

親「○君、6時になったよ」

> 明るい口調で、時間を知らせます

子「ちょっと待って。すぐ終わるから」

親「すぐ終わるのね。何分くらいで終わらせられそうかな？」

> 子どもの言葉を肯定的にとらえ、子どもの自主性を尊重して聞いてみます

子「あとねえ、5分」

親「5分だね。じゃあ、お母さんもその5分でお風呂掃除しちゃおうっと」

> その5分で、親もなにかをしてみると宣言することで、時間を意識させます

子「うん」

親「じゃあ、5分後にね」

> 子どもが言った時間をじぶんも有効に使うことを行動で示すことで、その5分が大事なのだと、認識させましょう。

アメリカのタイムマネジメント教育

小学生のうちは、毎日親がチェック

ここで、アメリカの「タイムマネジメント教育」について少し説明しましょう。アメリカの学校では、毎日出される宿題のほかに、「プロジェクト」と呼ばれる、調べるタイプの課題もたくさん出されます。「プロジェクト」は1カ月から、ときには3カ月もの時間をかけて取り組む大きなテーマで、タイムリミットまでにどのような手順で進めるか、計画を立てなければなりません。

本格的に自己管理するのは高校生になってからですが、その前段階として小学校低学年のころからタイムマネジメントの指導を取り入れています。小学校の通知表には「時間を賢く使っているか」「生産的な時間の使い方をしているか」という項目がありました。先生は、折にふれて「時間の賢い使い方」とはどんなことかを話して聞かせていました。

たとえば、私たち家族が住んでいた地域の小学校では、「アサインメントブック」（112ページ参照）という連絡帳のようなノートが渡されました。子どもたちは学校で、このノートに、毎日の各教科の学習内容と宿題、「プロジェクト」の進み具合などを書き込みます。「プロジェクト」については、スケジュール表が先生から渡されていて、「なにをいつまでに調べる」かが具体的に指示されていました。

家では、親子で「ノート」を見て宿題や持っていくものを確認し、低学年のうちは親子で一緒に揃えます。最後に親が宿題や持ち物をチェックし、ノートにサインして、翌日学校に持たせる、こんな仕組みになっていました。

毎日、かなりの量と質の宿題が出されます。日記を書く。本を読んで要約を書く。各教科の宿題にしても図書館に行って調べ、まとめる……。優先順位

Student Asignment Book

月　　日（　　）

教　科	やったこと	宿題の提出日
算数	二けたの足し算（A欄）	明日まで（B欄）
社会	世界の国	プロジェクト○／△
国語		

明日の持ち物	
宿題	親のサイン

を考えて取り組まなければ、とてもやりきれません。

小学生のうちは親と行なっていた毎日の確認作業も、中学生になると自主的に宿題や忘れ物をチェックするようになります。でも、親が毎日「ノート」を確認し、サインをすることは変わりません。中学生でも、親がチェックという形で、子どもを見守っています。

日本にいるときの私は、娘たちに毎日「宿題やったの？」という言葉はかけたものの、そのチェックはしていませんでした。言葉だけだったのです。チェックするようになると、学校でなにを学んでいるか、どんな宿題が出ているかがよくわかります。チェックすることが、子どもの生活を見守ることだと、今さらながら思っています。

期日に遅れて一大事に

アメリカの学校では、宿題の提出期限は厳守です。もし期日を守らなかった場合は、たとえ内容がよくても課題の評価が低くなって、成績に大きく影響します。

小学校を日本で終え、アメリカの中学校に進んだAちゃんは、なにもかも英語だらけの慣れない生活の中でたくさんの宿題を抱え、提出期限に間に合わなくなりました。

「遅れたって出したらいいじゃない。だいたいこんなにたくさんじゃできるわけない！」と、Aちゃんは憤慨していました。

ところがある日、担任の先生から親子で呼びだされてしまいました。先生はおっしゃいました。

「期日を守れないという性格は、今後彼女の一生に大変な悪影響を及ぼします。人から信頼されず、人間関係や仕事上でも影響は大きい。親と教師でぜひ彼女を助けましょう！」

たかが期限と思っていたAちゃんも、子どもの自主性に任せていた親も、思いもよらぬ提案にびっくりしてしまいました。そして、教師と親とで「どうしたら宿題を期限までに提出できるか」について、これまでのいきさつやその方法をじっくり話し合いました。その結果、なぜ課題提出日を守れないのかがわかってきました。

原因は2つありました。

①課題内容と提出日をノートにメモしていないため、適当な紙にメモするので紛失してしまうらしい。

②直前になってからやろうとするため。本を読むなど時間がかかるものは間に合わない。

そこで、Aちゃんを交えて、三人で話し合い、次のような対策をとることにしました。

①宿題や課題を書き込むノートを用意する。

②課題の内容と提出日が書き込まれているか先生がチェックする。

③予定通り進行しているか、親がチェックする。

④本を読む課題は、総ページ数を日数で割って、1日に読むページを先生と子どもで決める。

これを毎日積み重ねていった結果、高校生になったAちゃんは、今では時間マネジメントが身につき、計画的に勉強を進めています。

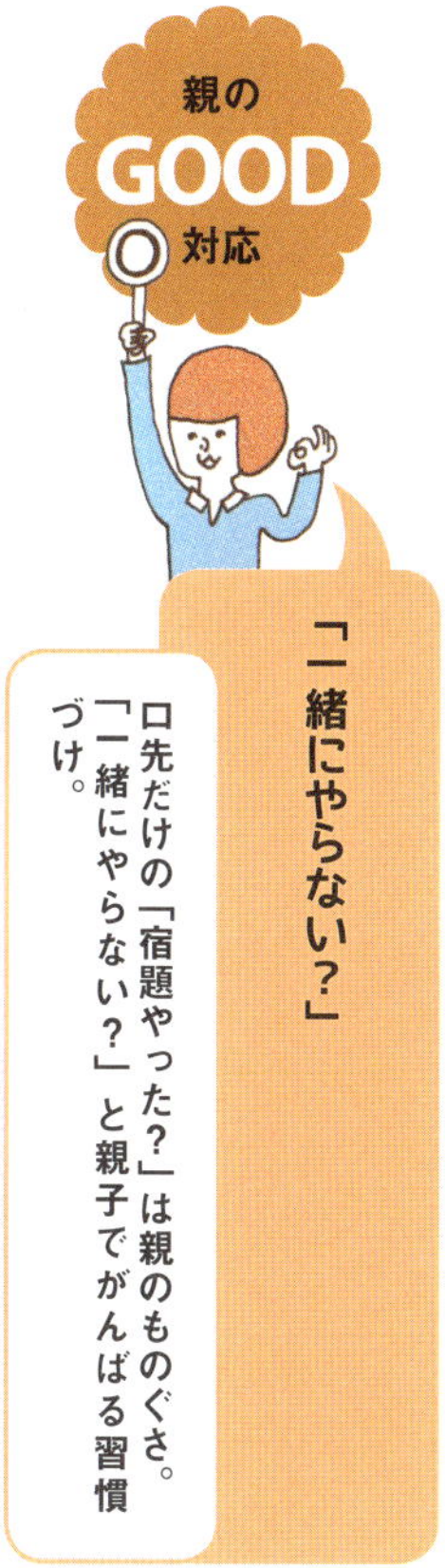

親の
GOOD
対応
「一緒にやらない？」
口先だけの「宿題やった？」は親のものぐさ。「一緒にやらない？」と親子でがんばる習慣づけ。

計画を立て、実行する

今日の予定を立ててみよう

優先順位を考えながら行動できるようになるため、まず「今日の予定」を立てることからはじめます。

「今日はなにをする？」「今日はどれから取りかかったらいいかな？」と、考えることがスタートです。

計画を立てる練習ですから、楽しい雰囲気の中で行なってください。小学校の低学年くらいの子どもでしたら、ゲームのようにして誘ってみましょう。高学年以上でしたら、忘れ物が続いたり寝る時間が連日遅くなる、など生活の乱れが気になったときの立て直し策として、話し合ってみましょう。くれぐれも無理矢理やらせることのないように。

まず「やらなければならないこと」と「やりたいこと」をそれぞれ紙に1つずつリストアッ

プします。

たとえばテレビを観るのならば、「テレビ」と書くのではなく、番組名と時間帯など、具体的に書いてください。

書き出したら全体を見渡して、「どれからはじめたらいいか」優先順位をつけ、並べ替えていきます。

ポイントは、どうしたら重要度の高いものを確実に行なえるかということです。

「今日、どうしてもやらなければならないことはどれ？」

「今日中に絶対に終わらせなければならないものは、ない？」

と、親は優先順位を決める手助けをします。

それをスケジュール表にします（118ページ参照）。スケジュール表には、最初に起きる時刻と寝る時刻、学校に行く時刻と帰宅時刻、朝ごはん、夕ごはん、お風呂など基本的生活時間を書き入れます。

1つひとつは短時間でも、合計するとまとまった時間になります。書き込んでみると、おのずと自由な時間は限られてくることがわかります。

残り時間に優先順位をつけた項目を組み込みます。どうしてもしなければならないことにどれくらいの時間がかかるか、その見通しを立てることは、はじめは難しいかもしれませんので、

計画をチェックする

大人の目から見てアドバイスしてもいいでしょう。テレビを観たりゲームをする時間やのんびりおやつを食べる息抜きは、時間を区切って組み込んでいきます。

「じぶんで決めた計画だ」と納得することが大切なので、あくまでも子どもが主体です。

基本的な生活時間

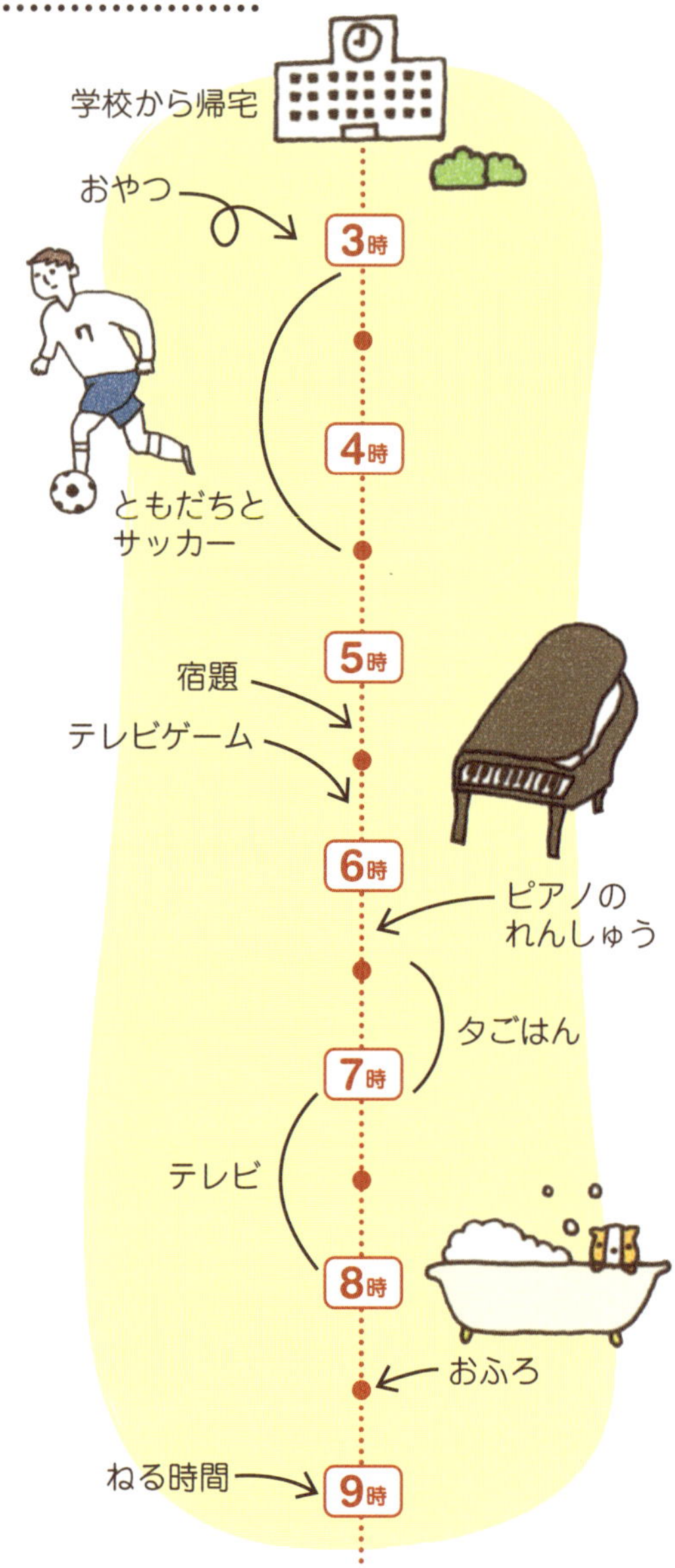

学校から帰宅
おやつ
3時
4時
ともだちとサッカー
5時
宿題
テレビゲーム
6時
ピアノのれんしゅう
夕ごはん
7時
テレビ
8時
おふろ
ねる時間
9時

子どもが決めた時間設定はいかがでしたか？　親である私たちが「遊びの時間が多すぎる」などと思っても、まずは受けとめてあげてください。けっしてけなさないことが大切です。

ただし、どうしても気になったところは、「1時間でそんなにできるかな？」「移動の時間は入っている？」「ゲームの時間は、何時間あるんだろう？」などと、問いかける形にして聞いてみます。口調が詰問調にならないように、十分気をつけてください。

練習と考えれば、親から見て無理だと思っても、一度は子どもが立てた計画通りにやらせてみてもいいかもしれません。注意するポイントとして、次のようなことが考えられます。

〈初級者コース〉

- 宿題などやらなければならないことが、優先順位の上位にきているか。
- 時間に余裕があるかどうか。
- 好きなことばかりに時間があてられていないか。

〈上級者コース〉

- 頭を使うことと体を使うことが、バランスよく取り混ぜられているか。
- 疲れない工夫がこらされているか。
- お手伝いの時間があるか。

もし、テレビを観る時間が長かったら、どの番組とどの番組を観るのか決めるよう促します。

実行するとき

実行するのは子どもです。親は、あくまでも見守り人としての手助け、声かけ役に徹すること。指図や命令は、避けましょう。

テレビは観たい番組が終わったら消します。次の番組がはじまるとダラダラ観てしまうからです。また、設定時間の少し前に、「あと○分で、予定してた時間だよ」とか「そろそろ時間だけど、キリのいいところで終われる?」と、知らせます。

とかく時間を忘れ、だらだら続いてしまいがちなマンガやゲームは、タイマーを設定してはじめるようにアドバイスしてはいかがでしょうか。

「じぶんで決めた計画」という納得が大事。失敗だって、子どもが気づきを深めるいいチャンス。

コーチング 4

計画を立て、実行する

計画を立てるときは、子どもが行動をはっきりイメージできるよう、具体的に考えさせます。実行可能なのか、困ったことはないのか促し、よい雰囲気を作ってあげましょう。

＊朝、遅刻しないでみんなと学校に行く計画を立てるＢちゃん

親「明日の朝、早く行くって言うけど何時何分に出る？」

> 具体的に考えさせます

子「７時半だと遅いから７時20分」

親「そのためには何時に起きたらいい？」

子「ええっと。６時……かな」

親「６時に起きられる？」

> 計画した行動は、難しくないでしょうか？

子「うん。大丈夫。目覚ましかけるよ」

親「そっか！　起きてからささっとするにはどうしたらいいかな？」

子「そうだな～。洋服を前の日に準備して、すぐ着られるようにするといいね」

親「うん、いいね。で、６時に起きて、着替えてごはん食べるのは何時がいいかな？」

子「ええっとね。６時に起きて30分あれば着替えられるから、６時半！」

親「ごはんは何時くらいまでに食べ終わるといいだろう？」

> 頭の中に、行動のイメージをふくらませましょう

子「そうだね。７時。そうすると、そのあと歯みがきしてもまにあうな」

← 次ページへつづく

親「うん、間に合いそうだね。ねえ、Bちゃん、ここまで話してみてどうかな」

気づいたことについて聞いてみます

子「うん。寝る前に準備して寝るといいんだってわかった。起きたあとどうしようって思わないでいいし。考えるって面白いね」

親「そうだね。ママになにかして欲しいことある？」

子「あ！　朝ごはんは納豆にしないで」

親「そうか。納豆だと食べるのに時間がかかるもんね」

子「そうなんだよ。あんまり時間がかからないものにしてね」

親「了解です」

なにか困ったことなどがあったら親に言って解決します。実行に向けて、よい雰囲気を作りましょう

中・長期計画を立てる

夏休みの計画

夏休みなどの長期の休みは、計画を立てるのに絶好の機会です。「やらなければならないこと」「やりたいこと」をリストアップして、計画表を作ってみましょう。

「やることとピラミッド」（129ページ参照）は、アメリカの子どもたちがタイムマネジメント教育の一環として使っていた「アクティビティーピラミッド」をアレンジしたものです。

一番目の段には、たとえば、家の手伝い、7時の起床、犬の散歩など毎日やると決めたことを書きます。幼稚園や小学校低学年だったら、食事、歯みがき、お風呂などを入れてもいいでしょう。

二番目の段は、宿題など、やらなければならないこと。

三番目の段は、挑戦したいこと。

四番目の段は、息抜きにすること。

下にいくほど、〝やるべき度〟が高いものになります。

次に、「やることピラミッド」を参考にして、カレンダーに書き込んでいきます。

はじめに、家族と調整して決めた旅行などのイベントや、学校の登校日予定を計画表に盛り込みましょう。

宿題については、量と期間から計算し、1日の量を決めます。たとえば、40ページある夏休みの宿題帳を終わらせるのに、1日4ページやれば10日で終わるから、週三回を宿題の日にして、3週間ちょっとで終わりにしよう。「50m泳げるようになる」ことに挑戦するのは、プール登校日の日にしようなど、バランスを考えて、スケジュール表に書き入れていきます。

やることピラミッドの二段目、三段目は項目を色分けしています。スケジュール表にはその色で書き入れましょう。

プールがある日は、疲れるからあまりたくさん宿題はできないね、家族旅行の前の日は準備に時間を使うよ、など先を見通して計画できるような親の言葉かけが有効です。

「親のチェック」欄を設けて、1週間ごとに子どもの計画が進んでいるかどうかを確認していきましょう。もし遅れていれば、計画の立て直しが必要になってきます。

目標を達成するスケジュール

漢字検定○級をとる、一輪車に乗れるようになりたい、長いストーリーの本を読破する、などといった目標も、長期のスケジュールを立てるつもりで進めていくと達成できます。子どもと一緒に考えてみましょう。

①なにをしたいか。ゴール、目標を明確にする。

②いつまでにまたはどのくらいでゴールを達成するか、終了日または期間を決める。

③全体の量（何ページ、何枚など）を終了日までの日数または決めた期間で割り、１日当たりの分量を決める。

④定期的に（１週間ごとなど）計画通り進んでいるかチェック。進んでいないときには、計画の見直しをする（親や先生のアドバイスが必要）。

たとえば、200ページの本を20日で読み終わりたいときには、1日だいたい10ページ読むと計画を立てる。

漢字検定の試験の2日前までに問題集を終わらせると目標を立てたら、40ページの問題集を毎日何ページやればよいか。試験まで42日だとすると1日1ページです。はじめてみて、体調不良や急な用事でできない日がでてくるようであれば、毎日2ページやるように計画の見直しをします。

大事なことは、目標を定めて、それに向かって行動ステップを作ることです。小さな成功体験を積みあげて、それが継続するように親が見守りながらかかわっていきます。

計画を振り返ってみよう

計画に沿って少し進めてみて、計画通りに「できたこと・できなかったこと」を本人の観点

目標を達成する4つのポイント

1 目標を明確にする

2 目標を達成する日を決める

3 やるべきことを1日単位に落とし込む

4 進行状況をチェックし、軌道修正する

で確認させることも大事です。うまくいかなかったときには、軌道修正をします（「うまくいかなかったときの対処法」137ページ参照）。じぶんで計画し、じぶんでチェックするという流れをたどることで、無理のない計画を立てられるようになってきます。

予定を記入した紙を見ながら、できたこと・できなかったことをチェックします。まずは親ができたことを数えて加点します。次に、できなかったことについて、叱るのではなく「なぜできなかったか？」という点を考えさせるようにしてください。

どんな結果であっても、努力したことは認めてあげましょう。そうでなければ、「目標に達しはしなかったが、がんばったこと」がムダに思え、次の「やる気（向上心）」につながりにくいからです。目標未満であっても、「今、じぶんはどの位置にいるのか」、「どうしたら足りない分を埋められるのか」そんなことを一緒に考えるのも、さきへの希望を持つうえで有効です。

「ムリに決まってるじゃない」

この一言でくじかれる子どもの未来。いいところ探す加点方式採用せよ。

夏休みカレンダー

日	月	火	水	木	金	土
		7/22	7/23	7/24	7/25	7/26
7/27	7/28 プール	29	30	31 10日たったよ	8/1	8/2
3	4	5	6	7	8	9
10 夏休みまん中	11	12	13	14	15	16
17 旅行の用意	18 旅行	19	20	21	22	23
24	25 プール	26	27	28 始業式あと5日	29	30
31 さいごの日						

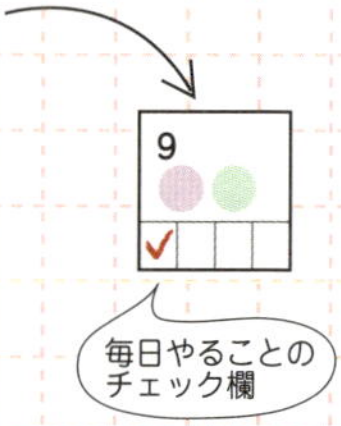
9
毎日やることのチェック欄

やること ピラミッド <書き込み例>

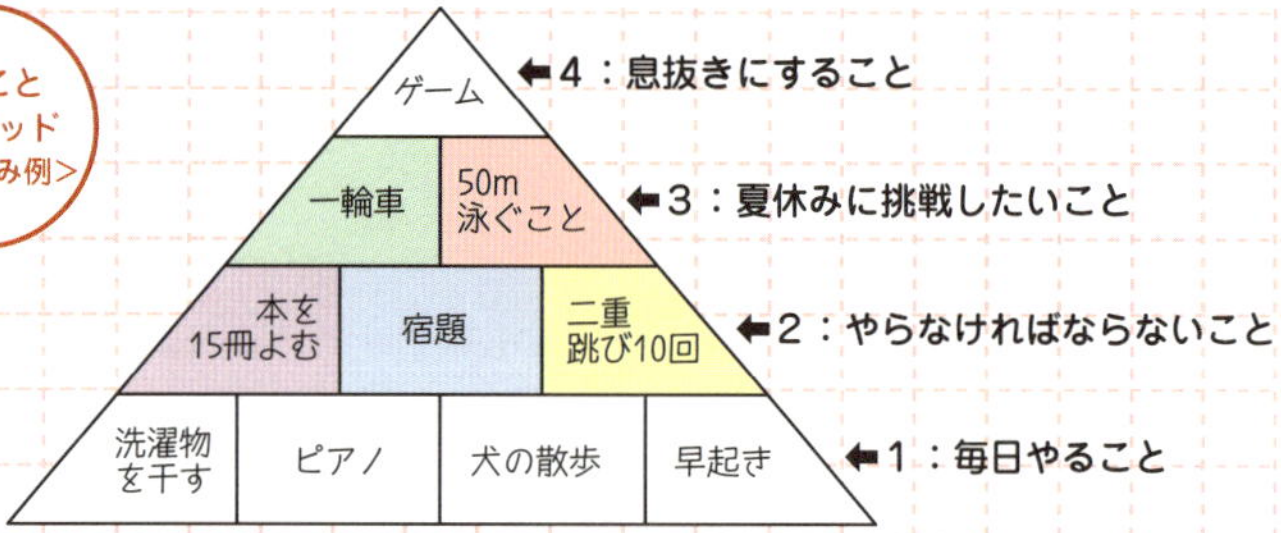
ゲーム
4：息抜きにすること
一輪車
50m泳ぐこと
3：夏休みに挑戦したいこと
本を15冊よむ
宿題
二重跳び10回
2：やらなければならないこと
洗濯物を干す
ピアノ
犬の散歩
早起き
1：毎日やること

ポイント

＊スケジュールも、やることピラミッドを参考に、色分けするとわかりやすい

トレーニング

12

やることピラミッド

長期の計画を立てるワーク

夏休みの計画を立てて、よく見えるところに貼っておきましょう。一枚の紙に１週間単位・１カ月単位の予定を記入すると、にぎやかでわかりやすい予定表ができます。

用意するもの

● 大きめの紙(模造紙やカレンダーの裏など)

やり方

①イラストのような三角形(やることピラミッド)を、A4程度の紙に書きます。
②一段目には毎日やること、二段目にはやらなければならないこと、三段目には夏休みに挑戦したいこと、四段目には息抜きにすることを書き込みます。
③大きめの紙に夏休みのカレンダーを書き、家族の計画や登校日を書き入れてから、やることピラミッドを参考にスケジュールを書き込みます。
④スケジュールとやることピラミッドを見える場所に貼ります。

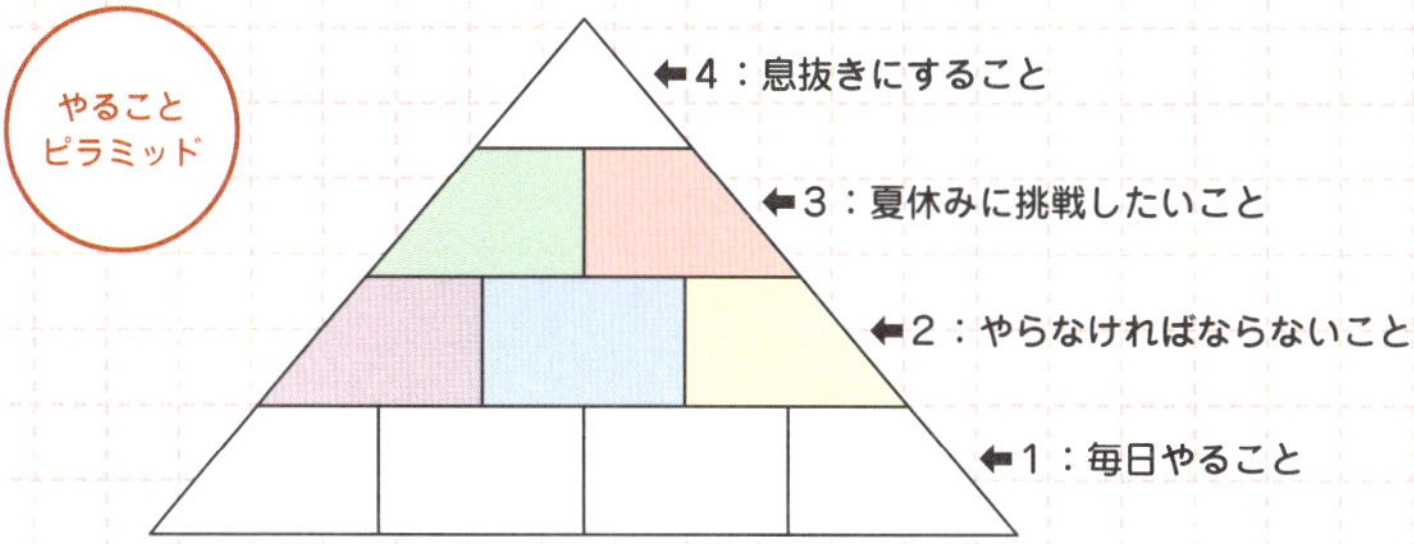

おすすめの時間貯金できたねチケットを作る

小さな成功体験を味あわせる

「やる！」と計画したことを、時間内に実行できたときは気持ちのいいものです。国語のドリルをやった、明日の時間割を揃えたなど、「しなければならないこと」をリストアップし、それを仕上げたら1つずつ消していく作業は、スッキリ感が満喫できるいい方法です。小さなことでも「やった～！」という達成感を感じます。この「やった～！」という達成感を目に見える仕組みにすると、さらにやる気がアップします。

おすすめなのが時間貯金。「これができたら○○できる」の仕組みを作るのです。

たとえば、ゲームの時間を時間通りに終了したとき、出かける5分前までにしたくができたときには、「できたねチケット」を渡し、十枚たまったら、子どもがして欲しいことをかなえてやります。ごほうびはお金やものではなくて、キャッチボールをするなど、一緒になって楽

しめることがいいでしょう。

透明な広口瓶にチケット代わりにカラフルなボールを入れて、一杯になったら家族旅行に行こう！などといった、目に見える方法も子どもたちのモチベーションアップにつながります。「時間を貯金する」感覚もあって、達成感が味わえる、おすすめの方法です！

またやろうと思わせるほめ言葉

計画通りにいったときは気持ちがいいものです。言葉でも認めてあげると、その気持ちよさがさらに次のやる気を引き出します。「いい子だね」と漠然とほめるのではなく、できたことを具体的に「○○ができたね！」と、言葉で確認していきます。

目覚まし時計で起きてきたときには、「一人で起きられたんだ！」。約束の時間にゲームを切りあげたら、「けじめがつけられたね」というようにほめます。

できたことを「できたね」と言葉で確認すると、成功した体験の印象がより強くなります。

小さなことでも認めてもらうのはうれしいことです。認められると「じぶんもできたんだ」と感じ、じぶんが誇らしく思えます。そうすると「自己肯定感」を強く持つようになります。これをくり返すことによって、またやってみようという次への意欲が生まれます。

当たり前と思っていることでも、親が口に出して認めることが肝心です。小さなことを見逃さずに、できた事実を認めてあげましょう。

「これが全部終わったら気持ちいいよね！」「終わってからなら、心置きなくマンガを読めるよ！」「やっちゃったら本を読んであげようね」などと、実行できたときの気持ちや状態（達成感）を想像させるポジティブな声かけをしながら、導いていってあげてください。

「○○が、できたね！」

小さなことを言葉で認めてやる気もアップ！

トレーニング

13

時間貯金

やる気をのばすワーク

時間という目に見えないものを、ボールなどに変えて貯金するワークです。ボールがたまっていく喜びで子どもたちのモチベーションアップ！　ごほうびはお金やものでなく、キャッチボールやお出かけなど親子で一緒に楽しめることがいいでしょう。

用意するもの

- 子ども一人につき透明なビン（プラスチックのほうが安全）
- スーパーボール、または小さなフィギュア（恐竜など）

やり方

①ボール一個を10分とする。10分節約できたら、そのボールをビンに入れます。
②１週間たったら、たまった時間の分だけ、好きなこと、たとえばゲームやマンガ、ビデオなどの時間を増やしてあげます。

ポイント

＊小さい子なら、決まったこと（一人で時間内に着替えができた、決められた時間にふとんに入ったなど）ができたら一個ボールを入れ、ビンの口までいっぱいになったら、楽しいごほうびをあげましょう。

実行しないときの言葉のかけ方

目を見て、ゆっくり言う

実際にはじめてみると、子どもがやらなかったり、うまくいかないことはたくさんあるでしょう。そんなとき、あなたは感情的に叱っていませんか？　「何回言ったらわかるの！」などと、やる気をなくす言葉を言っていませんか？

親が感情的に怒るとそのときは言うことを聞いても、それは納得してのことではありません。ガミガミとしつこく言っても、効果が薄いのです。表面上は素直に従っているようでも、子どもにとっては、こわいからとかその場を早く終わらせたいから従うだけなのです。

では、どうしたらいいでしょうか。

W君が小学校6年生になったあるとき、お母さんにぽつんと言いました。

「もっと静かに言ってくれれば聞けるのに。高い声で言われるとそれだけで、もう聞く気がな

くなっちゃうんだよ……」

怒っているときに、冷静になれとか、穏やかになどと言っても、そうたやすいことではありません。どうしても、感情が入ってしまうからです。

そんなときは、まず子どもの目をしっかり見ましょう。そして、子どもに伝わるような言葉で、ゆっくり、はっきり言うようにしましょう。言ったあとは子どもの様子をよく見ること。待つことです。

過去のことを責めないで未来を考えさせる

「早くしなさい」とせかすよりも、「これをしたら、○○ができるよ」と先のことを考えさせます。過去のことを責めるのではなく、未来のことに焦点を当てましょう。

娘が小学生のとき、私は毎朝、「早く！」とせき立てていました。ところが「10分早く出ると、間に合うよ」というように、プラスの言葉かけをすると、子どもの反応が違いました。子どもに考えさせるときは、「どうしたいの?」「どうしたらいいと思う?」と、子どもの気持ちや希望を聞く質問の形をとるとよいのです。

ただし、「なぜ?」「どうして?」という理由を問う質問の形は要注意です。「どうして、早くできないの?」「なんでこんなにゲームが多いわけ?」というのは、質問の形にはなっていますが、叱責や責められているように受け取られてしまいます。

もし、「どうして」「なんで」を使う場合には、「早くできない理由があると思うけど、一緒に考えよう」「ゲームが楽しいのはわかるよ。ただほかのことをする時間がなくなっちゃうことはどう思う?」のような言葉かけになるように、十分注意して使いましょう。

親の
GOOD
対応
「どうすればいいかな?」
「ちょっとは頭、使ったら?」など気力をくじく言葉は厳禁。じぶんで考えられる言葉かけを。

うまくいかないときの対処法　軌道修正のしかた

計画通りにいかなかったとき

どんなに考えて立てた計画でもうまくいかないことはあります。うまくいかないと、たいていは「あ〜、だめだ〜！」となしくずしに悲観した気分になってしまうことが多いものです。それでは元も子もありません。

そんなときは軌道修正が必要なのかもしれません。うまくいかないのはどうしてか、考えてみましょう。どんな場合にせよ、大きな理由は2つです。

Ⓐ計画通りにやっているのに、**予定通りに終わらない。**

Ⓑ**計画通りに行動していない。**

Ⓐが理由なら、計画自体にムリはなかったか、点検してみましょう。予想した時間が短すぎたのであれば、時間を増やします。無理しないようにゆとりの時間も設けます。

Ⓑが理由なら、その原因はいくつか考えられます。

①うっかり忘れてしまう場合

計画ではこうなっている、と知らせましょう。「やるべきことをやってしまおうね」と声かけします。

②計画した時間を引き延ばしている、または計画を無視して好きなことをしていた場合

「計画はじぶんで決めた」ことを確認したうえで、どうして計画通りにしないのか、話し合いましょう。どうしても「やりたいこと」を優先したい子どもには、「それは何時までに終わるの？」と終了する時間を子どもに決めさせ、それを守っているか親がチェックします。タイマーなどで時間を知らせる方法もいいでしょう。

③すぐ飽きてしまう場合

子どもだと、集中力が続くのは、15分と言われています。15分ごとに休憩をとって、リフレッシュさせましょう。やるべきこととやりたいことを交互に入れるサンドイッチ構成にするか、最後にごほうびとしてあまった時間をやりたいことに当てるようにします。

テレビを観たいために、じっくりと宿題に取り組めないのであれば、「ビデオに録っておくからきちんと最後までやろうね」と声をかけます。

子どもの行動につき添う

最初は無理せず、できそうなメニューを組み立てて実行してみることが大切です。やらなくてはならない重要度の高いことを優先するのはもちろんですが、重要度が低くても、やりたいことを組み込んでやる気をさそいます。あるいは、行動の流れに無理がないか、子どもの集中力が続く範囲での時間配分を考え直してみましょう。

どうしても集中力が続かない子どもには、親はそばに座って本を読み、見守りながら宿題をさせるなど親がつき添うこともアリです。その場合、はじめにしっかり時間を区切り、その間はおしゃべりをしない、一生懸命集中することを約束させます。

小学校低学年のうちは、長い間机に座っていることすら大変です。まずは少しずつ、と親も覚悟を決めて、つき添う時間を親自身のゆとりの時間と考えたらどうでしょうか。

なぜ、ほうっておけないのですか?

子どもを感情的に怒ってしまうとき、親自身が疲れていたり、心に余裕がないことが多いように思います。一言注意するつもりだったのが、言っているじぶんの感情的な声にますます気分が高まって、エスカレートしてくるのです。

遅れて困るのは子どもの問題だ、ということはわかっていても、黙っていられません。黙っていられない状況にあるのは、あなた自身ではないでしょうか?

誰のための問題なのか、考えてみることもいいでしょう。

なぜ、失敗させられないのでしょうか? なぜ、攻撃的になってしまうのでしょうか?

あなたの中に、きっと答えがあるはずです。

親が疲れていると、子どもにあたる。十分なゆとりとエネルギー補給で笑顔復活！

コーチング
5

なぜかを気づかせる

ポイントは、できたことに焦点を当てて行動を振り返らせることと、失敗を成功へのステップとしてとらえること。とった行動を肯定すると、子ども自身が解決の方法に気づきます。

＊6時に起きると計画を立てたのに、起きられなかった子どもに

親「6時には起きられなかったけど、いつもよりできたことを考えてみない？　朝、何時に起きた？」

できないことよりも、できたことに焦点を当てます

子「6時20分」

親「いつもは6時半だから、10分も早く起きられたじゃない！ 朝ごはん、食べ終ったのは何時？」

できたことを認めます

子「うん。7時20分頃。それから歯みがきして7時半に出ていった」

親「出ていく時間はいつもと同じだけど、なにか違ったことある？」

気づいたことを聞きます

子「今日はね、次になにをするってよくわかってるから、ラクだった」

親「へー、ラクだったんだね。じゃあ、なにがよくなかったのかな？」

別の視点で考えさせます

子「6時に起きるって言ったけど、そんなに簡単じゃなかったことかな」

親「簡単じゃなかったんだね。じゃあ、どうしたらいいと思う？」

考えを促します

子「……。でも、やっぱり6時に起きたいなあ。6時に起きられればすごく余裕もあるし、時間があればテレビも観てもいいんでしょ？」

次ページへつづく

親「そうか。時間に余裕があるんだ。6時に起きるにはどうしたらいいと思う？」

アイデアを聞きます

子「……もっと早く寝ればいいんだよね。今より30分早く寝れば早く起きられると思う」

親「そうか。30分早く寝るのには、なにを変えたらいいの？」

計画通りにやろうと思っているか聞きます

子「うん。いつもマンガを読んでて遅くなるから。寝るって決めた時間に寝ればいいんだ」

親「そうか。それってできそう？」

子「うん。できる。」

親「じゃあマンガを読みたくなったらどうする？」

気づいたことを聞きます

子「時間があるのかを考えて読むよ」

親「そうかあ。○ちゃんはじぶんで考えてすることを決められるんだね。すごいね」

子「6時には起きられなかったけど、そのほかのことといっぱいできたってわかったから、明日も挑戦する」

時間マネジメントを子どもにまかせる

チャイムが鳴らない小学校

最近訪れたいくつかの小学校で、「おや？」と思ったことがありました。休み時間が終了になっても、チャイムが鳴らないのです。子どもたちが、じぶんで時計を見て自主的に動く、子ども自身に時間を管理させることが目的だと、いうことでした。

「起きなさい」と起こされたから起きる。「出かける時間よ」と指示されたから家を出る。これでは、いつまでたっても指示待ち人間。じぶんで「時間を気にしながら過ごす」経験をすることが、子どもの時間の感覚を育てます。

待ち合わせる

子どもが小学校低学年のとき、学校から帰ってくるなり、「友だちと遊ぶ約束してるから、すぐごはん食べる」と言うのです。私が「何時に？」と聞くと、「お昼食べたら」と答えました。「え〜？　だいたい何時とも決めてないの？」「うん。食べたら電話するって言った」。

まだ時刻の観念がとぼしい年代とはいえ、待ち合わせの時間がまったくの未定でした。結局、友だちはごはんを食べるのが遅かったらしく、電話がかかってきたのは何時間もあとでした。待ちあぐねていた子どもでしたが、習い事の時間もせまっていたので、その日は遊べずじまい。ふてくされたのは言うまでもありません。

「待ち合わせる」というのは、時間マネジメントを身につける有効なトレーニング。テーマパークなど広くて枠内の安全な場所で、「30分たったら集合しよう」と待ち合わせたり、家族で出かけるとき、駅の改札口に何時に集合などと時間を指定するなど、子どもの年齢に応じてできそうなことにトライしてみましょう。

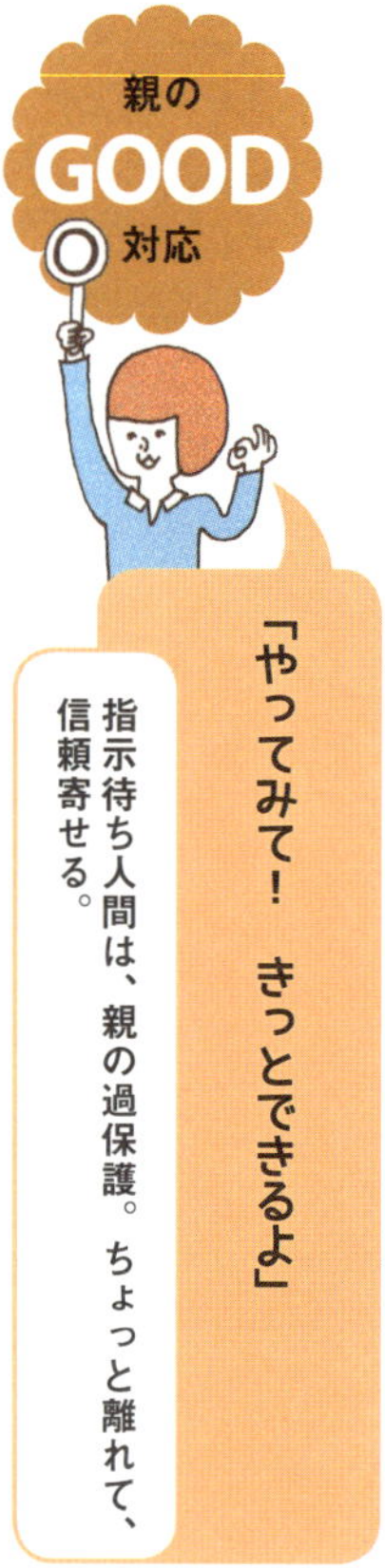
親の
GOOD
対応
「やってみて！　きっとできるよ」
指示待ち人間は、親の過保護。ちょっと離れて、信頼寄せる。

トレーニング

14

お父さんと待ち合わせ

時間を管理するワーク

外出先での待ち合わせは、渋滞などさまざまな要素がからむもの。最初は待たされることも遅れることも覚悟のうえで、時間マネジメントを子どもにまかせてみよう。

やり方

①条件を決め、あとは子どもにまかせる！
②親は現地で子どもを待ちます。心配なら、携帯電話を持たせても。

（例）

「お父さんの会社の近くで、家族で食事をすることになった。レストランの予約は6時半。家族みんなバラバラに外出先からレストランに近い駅に6時15分集合だって。ぼくは家を何時に出たらいいのかな？　まず全部で何分かかるかを考える」

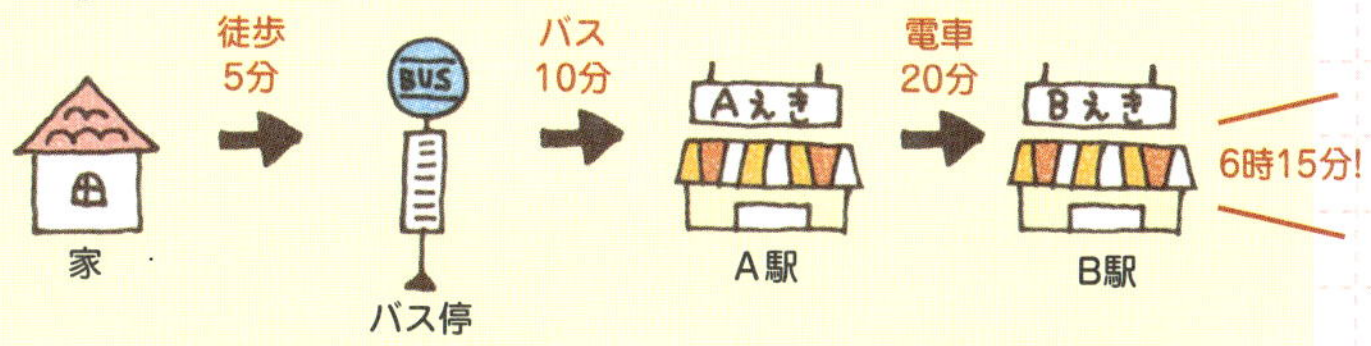

徒歩
5分
BUS
バス
10分
Aえき
電車
20分
Bえき
6時15分!
家
バス停
A駅
B駅

- 単純に合計すると35分。でもA駅で切符を買わなくっちゃ……5分追加。
- 夕方だから道路が渋滞するかも……バスに乗っている時間を10分追加。
- 35＋15＝50……ということは、50分前に家をでないとならない。

余裕をみて、1時間前に家をでることに決定!!

夢を持たせる

有意義な時間

効率よく時間を使って、その結果作り出した時間を、なんのために使いますか？

アメリカの子どもたちに、時間にゆとりができたらどんなことをしたい？　と聞いたところ、「家族と過ごしたい」という答えが返ってきました。「今日は宿題がたくさんあるから、ママと遊ぶ時間がなくなるなぁ」という答えが返ってくるのです。

子どもが「家族との時間」を大切にするのは、親が家族との時間を大切にすることを心がけているからでしょう。

この話を聞いて、「有意義な時間を過ごす」ということは、「なにかをすること」ばかりではないことに気づきました。

有意義な時間とは、ある人にとっては、多くのことをなし遂げた時間であり、ある人にとって

は、家族や友人と楽しく過ごせた時間、映画やサッカーの試合を一緒に観たときに共有した時間でもあります。

また、ある人にとっては、じぶん自身の楽しみにのみ使う時間のことかもしれません。

どんな意味であれ、この「有意義な時間」、言い換えれば「充実した時間」を経験したことがあれば、その時間を作り出すために、ほかの時間を上手に使っていこうという意識が出てきます。

子どもに「どんな時間が楽しい？」「心がうれしいって思うのは、なにをしているとき？」と聞いてみましょう。

夢を持つ子どもに

やりたいこと、好きなことのさきには「夢」があります。

アメリカでは、1月の第三月曜日に「マーチン・ルーサー・キング牧師の日」があります。人種差別に抵抗し続けたキング牧師の有名な演説、“I have a dream（私には夢がある）”にちなんで、1月に入ると全米の学校の通路壁一面に、“I have a dream”ではじまる、子どもたちの「夢」のメッセージが張りだされます。

わが子の夢、やりたいこと、なりたい職業はなんなのでしょう？

「夢は？」と聞かれても、「別に〜」なんて返事が返ってくるかもしれませんね。

今はしたいことがなくても、こうした質問を投げかけておくことで、心の中に、じぶんはいったいなにをしたいんだろうという疑問が残って、後から答えが出てくることだってあるのです。

ときには現実的になってしまうこともあります。これは大人の例ですが、友人に「あなたの夢は？」と、聞いたことがあります。優秀な翻訳家である彼女の口から出てきたのは、意外にもすぐにかないそうな現実的な目標でした。私は、彼女がじぶんの夢にフタをしていたように感じたので、「枠をはめないで」とリクエストしました。すると！　彼女の顔が、パアッと明るくなってこれからの夢を語りはじめたのです。

現実的な答えが悪いわけではないのですが、「じぶんには、とてもムリ」「実現するわけがない」と、枠をはめて考えてしまうと、じぶんが本当に求めているものと違ってきてしまうことがあります。枠をはずして、「できるかも」と思うと、これまで見過ごしてきたものが見えて、夢に近づくチャンスが増えるのです。

「実現できない」「○○だから無理」と、可能性を閉ざしているのは、実はじぶん自身なのです。

どうか、子どもたちには枠をはずしてあげてください。好きなこと、夢中になれること、夢があることは、積極的に生きていくことへの第一歩です。

そして、そんな夢を持てば、きっと時間の大切さが身にしみてわかるようになります。

じぶんの人生の主人公となって、夢に向かって積極的に生き、毎日を心豊かに過ごしていける、そんな子どもになるように応援してあげてください。

「夢はなに？」
「きっとできるよ、あなたなら」

明るい声かけで輝く未来。時間マネジメントで手に入れる！

付録

タイプ別 子どもの接し方

子どものタイプを知ろう

リーダーシップをとるタイプ、人の気持ちを考えるやさしいタイプ――子どももそれぞれ違います。子どもに時間マネジメントを指導するときにかける言葉も、子どものタイプに合わせて変えていけば、きちんと子どもの心に届きます。

JAMネットワークが考案し、セミナーでも利用しているチェックテストで子どものタイプを調べてみましょう。

子どもに合わせたコミュニケーションの効果に、きっと驚きます。それぞれのタイプへの対応は、次のページから紹介してあります。親子でコミュニケーションをとるときの参考にしてください。

子どものタイプがわかる　チェックテスト

A～Dそれぞれで、あてはまる項目をチェックしてください。一番多くチェックした項目が、その子のタイプです。

A

□面倒見のいい大将的な性格
□おおらか
□頼ってこられると、イヤと言えない
□じぶんの弱みを見せることが苦手
□活躍する場面が多い
□人に指図をすることもある
□先生に頼られている
□目立つことが好き
□グループのリーダーになることが多い
□無理してがんばることもある

B

□じぶんで納得しないと動かない
□マイペース
□いつも冷静だ
□こだわっていることには情熱的
□じぶんの意見を持っている
□言い出したら聞かないところがある
□人の話を聞かないところがある
□研究熱心
□大人っぽいところがある
□協調性はあまりない

C

□アイデアが豊富
□明るくサービス精神旺盛
□あきっぽく、計画を立ててコツコツ努力するのが苦手
□好奇心いっぱい
□新しいもの好き
□おしゃべりなほうだ
□話題が豊富
□友だちが多い
□あまり悩まない
□ノリがいい

D

□気配り上手
□人をサポートするほうが向いている
□人の役に立ちたいと思っている
□やさしい
□ケンカや衝突が嫌い
□口数が多いほうではない
□じぶんがガマンしてでも人を喜ばせたい
□人に影響されやすい
□イヤとはっきり言えない
□恥ずかしがり屋さん

← 子どものタイプ……解説は次ページに！

Cが多い子は…

性格…明るくてノリがよく元気のいい子です。あきっぽく長続きしないこともありますが、好奇心旺盛で、いろんなことにチャレンジするタイプなので、ノビノビやらせると実力を発揮します。

スケジュールの決め方…アイデアをふくらませるのが得意なタイプです。「明日、なにしようか？」「そのためには、どうしたらいい？」とアイデアをたくさん引き出してあげましょう。同じことを続けるのが苦手なので、１日１日、明日の楽しいことをイメージさせてあげてください。

急がせたいとき…「今日は○○するんだよね。楽しみだね。じゃあ、急ごうかあ」と楽しみにしていることに注目させてあげるとやる気が出ます。

Dが多い子は…

性格…おとなしいけれど、とても気持ちのやさしい子です。人の役に立ちたいという気持ちが強いのです。でも、人から頼られていると思うと、無理をしてしまうこともあるので、負担が大きすぎないように気をつけてあげてください。

スケジュールの決め方…して欲しいことを告げて、そうしてもらうとどんなに助かるかを伝えてあげましょう。シール帳を作って、計画通りにがんばれたら、シールを貼ってあげると効果的です。感謝されたことが形に残って、次のやる気につながります。

急がせたいとき…「○○ができたら、○○するのを手伝って欲しいなあ」と、大好きなお手伝いに注目させるとやる気が出ます。

Aが多い子は…

性格…友だちの中でもまとめ役になる、頼りにされるタイプ。頼られることが嬉しいので、本人に任せたり選択させると、とてもはりきります。反面、周囲の期待に応えようと無理をしてしまうところがあるので、プレッシャーをかけ過ぎないように。「がんばっているけどだいじょうぶ？」など、気持ちをほぐす言葉もかけて。

スケジュールの決め方…やるべきことを明確に伝えて、それをいつやるかはまかせます。ホワイトボードに、やるべきことを書いたマグネットシートを貼らせたりすると、楽しんで計画できるでしょう。

急がせたいとき…「なにか手伝って欲しいことはある？」と聞いてあげましょう。「あなたを信頼してるよ」という態度が、責任感を育てます。

Bが多い子は…

性格…ガンコでちょっとリクツっぽいところがありますが、冷静にじっくり考えて行動します。一度やると決めると、前へ向かってどんどん進んでいくタイプです。

スケジュールの決め方…一番興味を持っていることを中心にスケジュールを考えさせましょう。大切な時間のために、そのほかのこともがんばってやるでしょう。「正確」であることにこだわるタイプなので、アナログの時計（100円ショップのでOK）を持たせてあげると、時間を意識して、計画通りにきちんと行動できるようになります。

急がせたいとき…「あと何分あれば、出発できるかな？」と聞いてあげましょう。目の前のことに集中しやすいので、時間を意識させてあげるといいでしょう。

あとがきにかえて
～制作にかかわったメンバーたち～

石川 りつ子
（いしかわ りつこ）

「早くしなさい」という言葉を飲み込んで見守るには親の忍耐が必要です。そんなときこそ「親として、大人として、成長している瞬間」です！　じぶんの成長も、楽しみましょう！

青木 秀樹
（あおき ひでき）

１日24時間はみんな同じです。でも、時間を大切にしてやりたいことをドンドンすると、不思議と1日が長くなって、じぶんのやりたいことが一杯できるようになります。

大和 都
（おおわ みやこ）

誰にも平等に与えられる1日24時間。上手に使って充実した人生にしたいもの。そして、約束の時間を守るのは相手への思いやりの表れ。子どもたちに知っておいて欲しい。

大和 明子
（おおわ あきこ）

時間マネジメントは、じぶんの人生を豊かにするだけでなく、人との信頼関係を築くきっかけになる気がします。子どもたちの将来を考えた「今」に、私もしっかり向き合いたいです。

大塚 智史
（おおつか ともふみ）

子どもであるうちに学んでおくべきことの１つが、「時間の概念」でしょう。時間マネジメントのトレーニングが自己規律心を育てる機会になっていただければと願っております。

草間 由美子
（くさま ゆみこ）

グズグズする癖……時間の泥棒です！　「今、行なえること」や「今、行なうべきこと」などを先のばしにしていませんか？　時間を上手に管理し、親子で楽しく有意義に過ごしましょう。

小山 知美
（おやま ともみ）

時間マネジメントはじぶんのエネルギー管理と同じです。子どものいきいきとした時間を増やすためにも、上手なエネルギー配分を、楽しみながらなさってくださいね。

菅沢 京子
（すがさわ きょうこ）

「明日、学校に７時半までに行くには何時に起きればいい？」と小5で聞いた娘。「そんなこともわからないの?!」と声を荒げそうになった私。もっと早くこの本に出会いたかった！

鈴木 結子
（すずき ゆいこ）

時間を管理することは人生を豊かにすることなのですね。そう考えると子どもとの日々がまったく違う風景に思え、ていねいに大事に一歩ずつ歩んでいきたいと、あらためて気づきました。

獅子倉 雅子
（ししくら まさこ）

「時間＝人生」。どう時間を使うかは、どう生きるかを考えること。たった一度の人生！　子どもたちが時間マネジメントの方法を身につけて、どんどん夢を実現してくれることを願っています。

畑 さち子
（はた さちこ）

じぶんの人生は、じぶんで決める。だって人生の主役はじぶん自身なのだから。時間マネジメントはそのための第一歩。この本で、子どもの「主役力」をアップさせたいですね。

高取 しづか
（たかとり しづか）

「早くしなさい！」が口グセだった私。今思うと、親である私が忙しくイライラしていたからではないかと反省。この本は私と同じように、子どもをせかしている方にぜひ読んで欲しい。

三木 香奈
（みき かな）

パソコンに夢中の子どもに、「何時に終了の予定？」と問いかけた。そしたら、子どもの自制のスイッチがオン。1日のフリータイムを設定する秩序が生まれました。

脇田 恵
（わきた めぐみ）

子どもが遊びたかったり、やりたいことがあったら時間管理のチャンス！ どうやったらできるだろう？ 一緒にプランを立てて、達成したら思いっきりほめてあげましょう！

米盛 賢治
（よねもり けんじ）

「時間は自由にできる最大の資産である」ことに気づき、忘れることをくり返す人生を避けるために、時間をコントロールする術を身につけることが重要だと思う。

NPO法人 JAMネットワーク

JAMは、Japanese & American Mothersの頭文字をとったもの。日本とアメリカの親、子ども、教師のネットワーク。2002年、アメリカでの取材をベースに、日本の実情にあったコミュニケーションスキルのトレーニング法を提案。大きな反響を呼ぶ。2003年10月、子どもとその親、教師のコミュニケーションスキルの育成を目的にNPO法人化。親子や教育関係者を対象に、講演会・ワークショップの開催を全国各地で行なっている。

高取 しづか（たかとり しづか）

NPO法人 JAMネットワーク代表・「ことばキャンプ」主宰

消費者問題・子育て雑誌の記者として活躍後、1998年渡米。アメリカで出会った友人とJAMネットワークを立ち上げた。「子どもの自立とトレーニング」をテーマに新聞・雑誌・本の執筆や、各地で講演活動を行なっている。神奈川県の子育て支援の委員を務め、子育てや教育の現場で支援にあたっている。

「幸せになれる子」に育てたい　あなたへ　http://www.takatori-shizuka.com/

●主な著書

『コミュニケーション力を育てる 実践ことばキャンプ』（主婦の友社）、『わかっちゃいるけどほめられない！』『頭のいい子が育つ 親が言っていいこと悪いこと』（宝島社）、『イラスト版気持ちの伝え方』『ことばキャンプ／全５巻』（合同出版）など多数。

編集協力 ／ 新井文乃

カバー・本文デザイン ／ 岡田恵子(ok design)

イラスト ／ 石村トモコ

ダメッ！って言わない 子どもへ good アドバイス 1
時間のマネジメント

2016年 2月 5日　第 1 刷発行

著　者　高取しづか＋NPO法人 JAMネットワーク
発行者　上野良治
発行所　合同出版株式会社
東京都千代田区神田神保町1-44
郵便番号　101-0051
電話　03（3294）3506　FAX　03（3294）3509
URL　http://www.godo-shuppan.co.jp
振替　00180-9-65422
印刷・製本　株式会社シナノ

■刊行図書リストを無料送呈いたします。
■落丁乱丁の際はお取り換えいたします。

ISBN978-4-7726-1261-6　NDC599　216×151